Reconstrucción de hechos

Reconstrucción de hechos

Diego Creimer

LUGAR COMÚN
CUENTOS

Library and Archives Canada Cataloguing in Publication

ISBN 978-1-987819-25-0 (Libro impreso)
ISBN 978-1-987819-26-7 (Libro electrónico)

Publicado por Lugar Común Editorial
Ottawa, Canadá, 2016

www.lugarcomuneditorial.com
info@lugarcomuneditorial.com

Canadá

Contenido

Reconstrucción de hechos

PRIMERA RECONSTRUCCIÓN DE HECHOS DEL POLICÍA JEAN—LUC BAUDOIN, AGENTE DE LA PAZ DE LA SÛRETÉ DU QUÉBEC — REGIÓN DE LANAUDIÈRE

A principios de 2008, A y B, ambos inmigrantes de origen latinoamericano, reciben por encomienda los 55 fascículos del curso de introducción a la Filosofía de JPF (ver exposición adjunta). A vive en Montreal, en un departamento de dos ambientes en pleno centro de la ciudad. B vive en Saint—Michel—des—Saints, ciento sesenta kilómetros al norte, en una cabaña desvencijada a orillas del lago Saint—Sébastien, en medio del bosque. Los dos son divorciados y en el último cuestionario de la revista *L'actualité* titulado "Conozca su nivel de felicidad" obtuvieron el puntaje más bajo, según se pudo observar entre los documentos hallados.

A lee con avidez las clases de JPF y al cabo de cinco meses llega a la siguiente conclusión (carta hallada junto a otros papeles en el baúl de su automóvil):

"Aquí, en la ciudad, mi vida se ha vuelto absurda. Mi existencia se asemeja a la de un animal de zoológico: la comida está asegurada a condición de contemplar siempre el mismo paisaje y suprimir toda posibilidad de rebelión. Recibo un salario por un trabajo que no comprendo del todo. Tengo igual número de jefes que de subalternos. Logré eso que llaman *una posición,* pero ahora sé que en el fondo es una cuestión de *mala fe*, porque mi presente en realidad no existe como tal. Años atrás abracé algunas causas que creí justas, pero me vencieron el aburrimiento y el escepticismo. Decidí ser parte del rebaño y mi experiencia del mundo es, entonces, la de rumiar una y otra vez certidumbres aprendidas. Por eso dejé de escribir los domingos por la mañana y me dediqué de lleno a ser un simple lector de diarios. Pasé así la mitad de mi vida, aprendiendo respuestas y callando preguntas, haciendo mi trabajo con prolijidad para que este mundo, el único posible, funcionara como debe funcionar y a cambio me diera de comer. La sucesión de días y semanas idénticos podría haberse prolongado hasta mi viaje final a una sepultura pagada en cuotas, de no haber sido por los fascículos del curso de Filosofía de JPF que un familiar tuvo el buen tino de enviarme por encomienda. Hoy, después de cinco meses de lectura y relectura, después de noches enteras en las que intenté con una pasión desconocida adentrarme en la historia del pensamiento, en el saber de los saberes, tomo la siguiente decisión y dejo constancia por escrito ante mí mismo: abandono la ciudad, mi apartamento y mis muebles, mi gato y mis peces, mis plantas, mi trabajo, mi régimen de pensión, mis amigos, todas mis convicciones y cuanto hubo de establecido y seguro en mi vida. Me llevo el auto, una valija con ropa, mis libros, mis ahorros en efectivo, y los fascículos de JPF. A partir de hoy, buscaré relacionarme con el mundo de una forma nueva. Me abriré al Ser y a la verdad que habita todos los objetos, abdicaré para siempre del dominio de las cosas, usaré la técnica sólo para sobrevivir, es más, buscaré un claro en medio del bosque donde el mundo exterior me hable tan francamente que él y yo lleguemos a ser uno. Aceptaré la muerte como la posibilidad cierta de todas mis posibilidades, y ya no la esperaré ni la negaré, sino que conviviré con ella día a día, y así mi presente se volverá auténtico. En medio de los bosques de Lanaudière, escucharé pacientemente al Ser y tendré una existencia genuina. Es la única que vale la pena."

Final de la carta de A.

B también lee con avidez las clases de JPF y al cabo de cinco meses llega a una conclusión diferente (carta hallada en la guantera de su auto, junto a un disco de una cantante chilena de nombre "Violeta Parra"):

"No hay nada en este lugar que la gente de la ciudad, los turistas y sobre todo los lectores de Carlos Castañeda llaman *naturaleza*. Llevo doce años viviendo en la soledad del bosque y no logré escuchar más que silencio. Los pájaros, las montañas, los peces y los árboles no me han dicho ninguna verdad. Tampoco los granjeros ni los leñadores. La gente cree que en lugares como éste existe una especie de comunión con el mundo, que la cercanía de la tierra nos vuelve más sabios y humanos. La verdad es que la tierra nos vuelve más estúpidos. La sencillez de los campesinos es sólo ignorancia. Si la humildad es su mayor virtud, se debe simplemente a que no tienen otras. Podría haber pasado el resto de mi vida en esta modorra de ideas si no fuera porque un viejo amigo, profesor de Educación Cívica en un colegio secundario de Rosario, en Argentina, me envió hace cinco meses los 55 fascículos del curso de introducción a la Filosofía de JPF. Gracias a él, pude despertar. Gracias a él, también, podré finalmente rebelarme. Ya basta de mirar al vecino ordeñar su cabra. Por eso he tomado la siguiente decisión: no quiero seguir recluido en esta cabaña mientras la injusticia triunfa en el mundo. Llegó la hora de arrojarme a la Historia. Soy libre y haré uso de mi libertad en tiempo presente. La usaré para encontrar a otros hombres que también han asumido la plena responsabilidad de sus actos y su papel en el devenir de la Historia. Me integraré a esa red de subjetividades que comparten un sueño común: la rebelión y el cambio. Porque hay infinitas injusticias en este mundo, y podemos corregirlas. Me voy a la ciudad. No a una, sino a todas las ciudades. Me voy allí donde día a día los hombres se someten para sobrevivir mientras enriquecen a otros. Allí donde los esclavos modernos dejan una parte de su alma al transformar la mercancía y agregarle un valor del cual jamás podrán disfrutar. Allí donde la alienación es ley. Dejo lo poco que tengo para tenerlo todo. La realidad me pertenece. Seré una nada temporalizante arrojada a mis posibles, porque la Historia existe y las mercancías no van solas al mercado."

Final de la carta de B.

EXPOSICIÓN DE HECHOS:

En la mañana del 7 de julio de 2008, A y B circulaban en sentido contrario por la ruta provincial 131, cuando por motivos aún no establecidos, ambos conductores perdieron el control de sus vehículos y colisionaron frontalmente a la altura de la localidad de Saint—Zénon. A circulaba en dirección norte y B, en dirección sur. A primera vista, tres hechos merecen ser mencionados a la fiscalía que investiga estos decesos: el sorprendente parecido de los conductores, incluidas su edad y su condición de divorciados; la presencia en los baúles de ambos vehículos de una serie de fascículos en español (55 en total) que llevan por título "La Filosofía y el barro de la Historia", y las cartas (también escritas en español) trascriptas más arriba.

Tras efectuar las pericias de rutina, la Sûreté du Québec descarta todo móvil criminal. No excluye, sin embargo, la hipótesis de un suicidio pactado.

Se adjuntan a la presente dos (2) cajas con todos los ejemplares del curso de Filosofía anteriormente mencionado, para evaluar su peligrosidad y su probable incidencia en estos trágicos sucesos.

JEAN—LUC BAUDOIN,
Agente de la Paz
Sûreté du Québec — MRC de Lanaudière
15 de julio de 2008

DENENDEH

Dos osos polares parecen bailar en la contratapa de la revista *Up Here*, aunque en realidad la foto muestra una lucha fratricida. *Up Here* está en el respaldo de todas las sillas del viejo Boeing 737 de Canadian North. Rufo y yo la hojeamos a la par mientras enfilamos el tercer whisky desde Edmonton. En media hora vamos a aterrizar en Yellowknife.

Hace varios años que queríamos hacer un viaje juntos. Cuando compartíamos el micrófono de la radio en Montreal siempre hablábamos de un viaje hipotético al este de Bolivia y al norte de Paraguay, recorriendo los escenarios de *Hijo de hombre* de Roa Bastos. Muchas veces imaginé ese viaje que no sucedió y que nunca va a llegar. En cambió llegó éste y no está mal que así sea; después de todo, planear algo bien es aceptar también que suceda lo opuesto. Sin pensarlo mucho, cambiamos un mes en el chaco boliviano y el mato grosso del sur por una semana en la tundra canadiense.

Con una sonrisa genuina, la azafata Inuit nos ofrece un último whisky gratis. Por algún motivo le caímos bien. Rufo me muestra una nota en la revista en la que se explica, sin mayores detalles, que la Comisión de verdad y reconciliación de los Territorios del Noroeste va a transmitir sus audiencias en directo en 2014. Es un ejercicio imposible y necesario, dice Rufo, porque estas personas tienen que narrar vivencias que están en la periferia de lo humano. Los orfelinatos, las escuelas católicas y los asilos fueron el Auschwitz de las Primeras Naciones y los Inuits. Ahora empezaban a desgranar una vez más, en entrevistas y expedientes, su propia Shoá.

Unos días antes, una traductora Inuit me había presentado una disculpa que me dejó mudo: perdóneme por sonreír todo el tiempo, me dijo, usted tiene que entender que los Inuits sonreímos y nos reímos lo más posible.

El avión aterriza justo antes de las nueve, en medio de una oscuridad total. Yellowknife no es una ciudad luminosa. En el hall del aeropuerto, junto a un oso polar embalsamado que corre detrás de una foca también embalsamada, nos espera mi amiga Kiera. *Welcome to Denendeh*, nos grita desde lejos, antes de venir a abrazarnos.

***

En la cocina de Kiera hablamos hasta las tres de la mañana de las familias Inuits separadas por la fuerza, de los chicos enviados a los orfelinatos del sur, de las madres que enloquecieron y los padres que se suicidaron. Mientras rascamos el fondo de la cacerola con un pedazo de pan buscando los restos del guiso de caribú,

Kiera nos cuenta que muchas de esas familias nunca volvieron a reunirse: la tuberculosis mataba a unos o a otros, los chicos allá en el sur no aparecían más, o volvían como zombis a sus comunidades para hundirse en un mar de alcohol que los ayudara a olvidar lo que los blancos les habían hecho. "No es raro ver a los Inuits y a otra gente de las Primeras Naciones recorrer las calles de Yellowknife totalmente borrachos. Cada vez que ustedes sientan la tentación de juzgarlos, acuérdense de esta charla. Seguramente tendrán delante de ustedes a los hijos o los nietos de algunos de estos muertos en vida. La tragedia no terminó".

De a poco fuimos pasando a otros temas, la botella de singani que Rufo había traído se fue vaciando, y por la ventana no vimos más que oscuridad esa noche. Las auroras boreales sólo aparecen cuando el cielo está despejado.

***

El sábado a media mañana, Kiera pasa a buscarnos por el hotel en la pickup de su madre y, como es su costumbre, ni siquiera nos dice buenos días. Kiera necesita por lo menos media hora de convivencia para actuar normalmente. Antes de eso, ni una palabra. Nos mira de reojo y hasta parece enojada. Los anteojos de sol la ayudan a disimular esta actitud que se parece al desprecio.

En cuanto la pickup empieza a rodar sobre el Lago

de los esclavos Kiera se descubre los ojos y se larga a contarnos historias del lugar como si el silencio anterior no hubiera existido: nos habla de los derrames tóxicos de la mina abandonada, del pescado que ya no es tan bueno, de las comunidades que usan el lago como medio de transporte. Después de unos cuantos kilómetros toma un camino secundario hacia el horizonte, donde ya no se ve ninguna orilla. "Hoy es el día internacional del agua y tengo que hacerle una ofrenda a este lago." Para dos ateos intransigentes como Rufo y yo, la idea es absurda. Sentados en una pickup sobre un lago congelado del subártico y en compañía de Kiera, se nos antoja como lo más natural del mundo.

Kiera apaga el motor de la Ford y los tres bajamos al camino. Atrás, lejos, se ven algunos pinos negros. Adelante, una planicie blanca; bajo los pies, una capa de tres metros de hielo, transparente en algunos lugares; más abajo, varios metros de agua y oscuridad. En el cielo, cerca del horizonte, un sol pálido y polar. Rufo saca de su chaqueta un grabador digital. "¿Qué hacés?" le pregunto. "Voy a grabar el silencio".

Kiera enciende un rollo de hojas de tabaco. El olor es dulce. Me pide que lo sostenga. Después abre una bolsa de tela marrón y nos da a cada uno un puñado de tabaco picado. *Keep it in your hand until I tell you to throw it on the ground*, nos dice. Va hasta la camioneta y saca del baúl un tambor de chamán, una especie de tinya en la que aún se ven los pelos del animal. *Turn off the recorder*, le ordena a Rufo. Nos quedamos en silencio. Kiera cierra los ojos, golpea el cuero tensado con un palo y empieza a cantar en Gwichin. Los minutos pasan, su plegaria es larga.

De pronto aparece sobre el camino una furgoneta. A través del parabrisas veo a una pareja de viejos, blancos los dos, seguramente turistas. Se detienen a unos metros de nosotros. Kiera no les presta atención, pero lo cierto es que el camino está bloqueado. La Ford quedó justo en el medio, y a los costados la nieve, demasiado espesa, impide esquivarnos. Kiera sigue cantando. El viejo no toca la bocina, pero avanza lentamente como diciendo "Córranse de una vez". Es inútil: Kiera no va a moverse ni un centímetro hasta que no haya terminado su ceremonia. Los viejos se resignan y apagan el motor. Unos minutos más tarde Kiera da el último golpe en el tambor. *Now throw the tobacco. This is your tribute to the wáter.*

Debe ser la primera vez en la historia, me digo, que un periodista aymara, uno judío argentino y una activista indígena Dene cortan una ruta en el Ártico canadiense.

***

La semana pasa de un proyecto minero a otro, de casa en casa, de bar en bar, de comunidad en comunidad. Cinco días más tarde, tengo la impresión de haber vivido en Yellowknife varios meses. Las noches, hasta ahora, han estado nubladas. Volveremos a Montreal sin haber visto las auroras boreales.

Para festejar el fin de nuestra visita, Kiera nos propone hacer una última ronda de bares. Terminamos en una taberna que, en apariencia, es la más peligrosa de la ciudad. Adentro, en la penumbra coloreada, un grupo toca clásicos de Kurt Cobaine y AC/DC delante de tres parejas que bailan y ríen. Un par de Inuits algo ebrios se acercan a hablarnos. Nos ofrecen carne de caribú desecada. No, gracias, les digo, sabiendo que la caza de caribúes está prohibida este invierno, pero Rufo me corta la palabra: por supuesto que sí, nos vemos en el estacionamiento de atrás en diez minutos. Kiera no presta atención a la conversación: ya está en el medio de la pista bailando sola y cantando a viva voz lo que el grupo de cover le va proponiendo.

Como no tengo ganas de ponerme la campera otra vez, dejo que Rufo salga sólo a negociar la compra del charqui ártico. Kiera me invita con las manos a bailar pero yo le hago una seña sutil con la botella de cerveza: prefiero mirar desde la mesa. El grupo está terminando una interpretación perfecta de *Hell's bells,*

See the white light flashing as I split the night

Cos if good's on the left then I'm sticking to the right

En eso entra Rufo corriendo y me grita "ven rápido, el cielo está bailando". Me pongo la campera y salgo corriendo detrás de él. Afuera, en la negrura, polleras verdes y púrpuras se agitan desde el horizonte hasta el zenit. Ahí están las auroras boreales. Emocionados y un poco borrachos, nos recostamos sobre el hielo del estacionamiento. Tanta belleza no entra en sólo dos ojos.

Hay que mirarla de frente para guardar lo más posible.

Una pareja de viejos Inuits pasa junto a nosotros. Deben tener unos sesenta años y parecen estar festejando algo. Están un poco borrachos, como nosotros, y se ríen a carcajadas tomados del brazo. Nos miran ahí, tirados en el suelo. La mujer se dirige a Rufo: *It's beautiful, isn't it?*

Rufo se pone de pie. *Wait, stay with us for a minute.* Los dos se miran sin entender. Entonces Rufo mete una mano en el bolsillo de su chaqueta y saca un paquete de tabaco. Abre la mano del hombre y le pone un puñado. Los Inuits nos miran desconcertados. Quizá en la cara aymara de Rufo reconozcan los siglos de resistencia que los unen con un hilo invisible.

Yo también tomo un puñado de tabaco, y viéndolos a ellos, me acuerdo de mis antepasados no muy lejanos, los primos de mi abuela, fusilados por un escuadrón Nazi en un pueblito de Ucrania en 1941.

La aurora boreal refulge en el cielo. De uno en uno, los cuatro tiramos el puñado de tabaco sobre el hielo. Y Rufo dice simplemente "gracias" antes de que el último rayo verde desaparezca tras una nube.

ADIÓS, BOLERO, ADIÓS

Tres dedos en una cajita de madera. Tres dedos de la mano izquierda de mi esposa Luciana: el meñique, el anular —con el anillo de casamiento— y el mayor. Eso es lo que recibí por correo el 17 de febrero a las diez de la mañana, en mi casa de Verdun.

Debajo de los dedos, en el fondo, una nota manuscrita en un papelito mugriento:

"Tengo a su señora. Quiero 50 mil dólares. Si no, la mato. No llame a nadie. Espere instrucciones."

¡Su "señora"! ¡Le corta tres dedos y tiene la delicadeza de llamarla "señora"! Hoy Luciana, seguramente, está muerta. La señora está muerta.

Pero ésa ya es otra historia. Retrocedamos.

Volvamos a la mañana del 17 de febrero y a los tres dedos resecos de Luciana. Convengamos que la recepción de una parte cercenada del cuerpo de un ser amado es una escena horrible que debería, normalmente, disparar gritos, llantos, hacernos caer de rodillas, implorar al cielo, creer en Dios y en las tinieblas, temblar, suplicar y clamar venganzas diversas. Todo esto debería haberme pasado al recibir de una manera tan brutal la notificación del secuestro de Luciana. No fue así.

Hay momentos en los que uno se descubre a sí mismo. Son oportunidades que nos da la vida. Las tragedias, muchos lo han dicho y con razón, nos abren los ojos a una nueva dimensión donde el peso relativo de los hechos y los afectos cambia para siempre. Eso es cosa sabida, material inagotable de reflexiones publicadas y televisadas ad nauseam. En la mañana del 17 de febrero, yo descubrí que las tragedias nos dan otra posibilidad: la de saber, de una vez por todas, quiénes somos.

Los tres dedos resecos de Luciana estaban todavía en la caja, sobre la mesa de la cocina. No grité, no lloré ni le imploré a Dios que me ayudara. Mi reacción me sorprendió. ¿Estaba a punto de estallar? ¿Cuánto faltaba para que las lágrimas subieran a mis ojos y el grito a mi garganta? ¿Cuánto? ¿Unos segundos? ¿Un minuto? ¿Una hora? Levanté el dedo anular y lo sostuve frente a mis ojos. Entonces comprendí todo. Porque no grité, porque no lloré ni invoqué a Dios, descubrí, con un dedo en la mano y una nota de secuestro en la otra, quién era yo. Y ese "yo" que apareció, suspendido en ese instante, con el dedo de mi mujer frente a mis ojos, era un yo definitivo, un yo que no me abandonaría nunca más porque no habría otro.

Dejé el dedo sobre la mesa.

Me llamo Francisco Levin y soy profesor de Historia. Me especialicé en la Alta Edad Media, una época casi desconocida para el común de los mortales y que a mí me interesó por esa mezcla de crueldad y originalidad que germinó sobre Europa y Medio Oriente. La gente suele asociar la Edad Media con la tortura y la quema de brujas. Olvidan que la tortura había alcanzado un refinamiento triste y sublime en los últimos siglos del imperio romano, y que alcanzaría nuevas cimas de creatividad en el tránsito hacia la modernidad, con la llegada de los españoles al imperio Inca. Ni qué decir de Argelia, en pleno siglo XX. Por eso suelo decirle a mis alumnos: la Edad Media es sólo un eslabón más en la larga evolución de la crueldad humana de la que todos somos parte.

En la mañana del 17 de febrero yo me sentía, más que nunca, parte de esa evolución. Había tres dedos sobre la mesa de la cocina y yo tenía frente a mí un dilema muy simple: salvar o no salvar a Luciana, pagar o no pagar el rescate, llamar o no llamar a la policía. Como soy un intelectual, y como unos minutos antes, frente a los dedos violáceos de mi esposa, no había gritado, ni llorado ni implorado a Dios que me ayudara, me dije que había que analizar la situación. Sopesar los pro y los contra, rever el pasado —nuestro pasado—, comprender el presente y elegir un futuro.

Fui hasta el living y puse un disco de Dizzy Gillespie. Dizzy siempre me ayuda a pensar. Luciana prefiere los boleros. Sus discos ocupan un estante entero de la biblioteca y escucharlos es, para mí, una sesión de tortura que se prolonga desde hace años.

Me senté en una banqueta de madera, frente a la ventana. Afuera nevaba y no se veía a nadie. En la plaza de enfrente, la estatua de Iberville señalaba hacia un nuevo mundo con su índice de piedra. Un cuervo vino a pararse sobre el dedo impasible. La trompeta de Dizzy llenó el cuarto.

Luciana se había ido a Bayahibe el 10 de febrero. Había viajado sola y debía quedarse veinte días. Ése era nuestro pacto: después de quince años de matrimonio, sin hijos ni familiares que nos juzgaran ni requirieran nuestra atención, con la pasión transformada en amistad respetuosa y distante, el compañerismo remplazado por una cooperación eficiente y una repartición equitativa de quehaceres y facturas, habíamos decidido que cada cual se tomaría vacaciones por su lado y hasta tendría el permiso tácito de vivir una aventura amorosa si el cuerpo o el corazón se lo pedían. Luciana había escogido la República Dominicana, y en especial la región de Bayahibe, porque era, según me explicó, la tierra natal de Alberto Beltrán, alias "el negrito del Batey", un bolerista de culto para ella. Mi hipótesis es que había encontrado una excursión a un precio absurdamente bajo y para justificar su tacañería congénita le había arrancado un pretexto a la historia del bolero dominicano.

Luciana estaba absolutamente sola en el mundo. Casi tan sola como yo. Era hija única. Sus padres habían muerto en Buenos Aires a fines de los noventa. Nuestra vida en Quebec, adonde llegamos en los años ochenta gracias a una beca que me había dado la Universidad de Montreal, había transcurrido en un bullicio social primero y en una soledad desabrida después. Dejamos de tener amigos hace algunos años, cuando por motivos que ninguno de los dos pudo explicar, empezamos a rechazar todas las invitaciones a fiestas, ceremonias, reuniones, conciertos, partidas de cartas, cumpleaños y entierros. Nos fuimos internando en un mundo donde la lectura y la música eran nuestro único reparo. Hablábamos poco y hasta el sexo desertó de nuestros calendarios.

Sólo sobrevivió, con resurrecciones esporádicas, una genitalidad violenta que nos dejaba moretones en las entrepiernas y reproches en los labios. Era un mal necesario.

Fue en medio de este vacío poblado de boleros que Luciana se fue a Bayahibe. Chico Novarro se calló, y a los pocos días el silencio de la casa recibió a Dizzy con los brazos abiertos.

Nadie más que yo sabía de su partida.

* * *

A las doce sonó el teléfono. Era él. Su voz sonaba lejana y distorsionada. Tenía un acento caribeño. Todas las erres sonaban como eles.

—¿Recibió la encomienda?

—Sí.

—¿Llamó a la policía?

—No.

—Bien hecho. ¿Tiene el dinero?

—Sí.

—Esta noche voy a darle las instrucciones para el giro. Si no hace lo que le digo, voy a cortarle otro dedo más.

—¿Cómo está ella?

—Afiebrada, pero ya se le va a pasar. Créame, no es la primera vez que le corto un dedo a alguien.

—No era uno: eran tres.

—Ya ve que la cosa va en serio.

—Sin duda.

—Entonces siga las instrucciones. Pague y su señora va a salir con vida.

—Necesito tiempo…

—Me acaba de decir que tiene el dinero.

—No es eso. Necesito tiempo. Usted no entendería.

—…

—Oiga… ¿sigue ahí?

—¡La platica, hijoeputa, o te mando un rosario de dedos!

Cortó.

* * *

Imposible no sentirme un traidor. Estaba abandonando a una persona —a la que le había prometido asistencia y afecto— a una muerte dolorosa y horrible. Sin embargo, dudaba. Algo me impedía sacar los cincuenta mil dólares del banco y entregárselos a ese cretino. ¿Me aferraba al dinero? No, eso me tenía sin cuidado. Podría habérselo dado al primer vagabundo que me cruzara por la calle. Había otra cosa. ¿Qué era?

La trompeta de Dizzy siguió sonando toda la tarde. Levanté la vista. Ya no había luz en la ventana.

* * *

A la mañana siguiente, el teléfono volvió a sonar. Era ella. Su voz era grave.

—Me va a matar si no pagás rápido.

—¿Cómo?

—¡Que me va a matar si no pagás!

—Ya sé, ya sé... ¿Cómo?

—¿Cómo... qué? ¿No entendés lo que te digo?

—Sí, entiendo. Pero me pregunto cómo te va a matar.

—¡Qué sé yo! ¡Me va a pegar un tiro! ¡Ya me cortó tres dedos!

—Los tengo acá.

Lloraba. Intenté calmarla.

—Los guardé en el congelador. Quizá puedan reimplantártelos.

Hubo un silencio. Apareció la voz del cretino.

—Tienes que viajar a La Romana, *brother*. Este viernes, a las ocho de la noche, dile a un taxi que te deje en el dique del río Chavón, del lado norte. Ponte una camisa negra. Alguien te pasará a buscar. Trae el dinero en billetes de cien dólares sin numeración corrida.

Clic. Silencio.

* * *

Llegó el viernes. La plata seguía en el banco y yo, en mi casa de Verdun. Había pasado parte de enfermo en la universidad. No tenía ganas de salir de casa. Una pereza total aniquilaba cualquier acción apenas se vislumbraba en mi conciencia. Afuera seguía nevando. Ya casi no quedaba comida en el congelador. Los dedos de Luciana parecían más pequeños, ahí solitos, dentro del *tupper*.

El sábado y el domingo comí arroz y pastas. Sólo encontré energías suficientes para reordenar los discos. Puse la colección de boleros en un baúl de madera. Lo guardé en el sótano, junto a las viejas facturas y declaraciones de impuestos.

El martes a la mañana llamaron a mi puerta. Era otra vez el cartero. Traía una encomienda. La abrí. Esta vez había sólo dos dedos, y ninguna nota.

Guardé los dedos en el congelador, junto a los otros tres. No eran de la misma mano.

En el transcurso de la semana siguió nevando y el teléfono volvió a sonar algunas veces. Acostumbrado a una nueva rutina que consistía en no hacer estrictamente nada, decidí no responder. Apenas si tuve fuerzas para abrir la puerta y recibir las encomiendas que el cartero trajo el lunes siguiente y el viernes. Lo mismo de siempre: dedos. Tres primero, dos después. Ya tenía los diez. Con un poco de suerte el cartero me dejaría en paz, y llegada la primavera yo podría pasar a otra cosa.

Con el correr de los días mi ánimo mejoró. Asumí frente a los espejos que había contribuido al homicidio de mi esposa y que era, según todo criterio, un total hijo de puta. En contrapartida, había recuperado una libertad y un entusiasmo perdidos hace más de veinte años.

* * *

A mediados de marzo volví a dar clases. Fue por esos días que recibí una última encomienda: era una cajita igual a las otras. Contenía un dedo de hombre.

LA FIESTA DE LOS TOPOS

Cuando entramos en la habitación casi a oscuras, sentí que un vértigo hasta entonces desconocido me devoraba las tripas. En todo aquello había olor a viejo, olor rancio. El tiempo se había depositado como una manta sobre todas las cosas y había dejado allí lo peor de sí. Hacía frío, y el frío, que relega el olfato, era la única montura que cabalgaba sobre aquellos olores indómitos que de otra manera no me hubieran dejado entrar. Avancé despacio hasta el borde de la cama, tomado de la mano tibia de Laura que me guiaba como guía un perro a un ciego, o como guía un maestro a un novato. La mano me daba confianza y yo no quería soltarla, pero tuve que hacerlo para desnudarme y meterme con ella —dos cuerpos abandonados, dos cuerpos inciertos— en la extensión inconmensurable de la cama, en la carpa abatida de las sábanas. Y cuando supe que tal vez no hubiera querido estar allí, que tal vez tenía miedo, la mano de Laura volvió justo a tiempo para anclarme a la cama, a las sábanas y a ella.

Me acarició con ternura todas aquellas partes que parecen relegadas a otros sentimientos más bajos o a ninguno. La mano se movía como un topo debajo de las sábanas, y enseguida fue su otra mano la que llamó a la mía, la puso sobre sus pechos tibios y le sopló un aliento de vida que corrió como un rayo a mi otra mano, que huyó decidida a su entrepierna, al sexo suave que se ofrecía como un panal derribado, y que terminó de inaugurar en un segundo la fiesta de topos bajo las sábanas.

Cuando todas las manos se cansaron, cuando terminamos de echar a las cien manos que por un momento se habían subido a la cama, yo ya había perdido el miedo. Descansamos un segundo, no puedo decir cuánto tiempo, tal vez nada, pero el suficiente para que yo supiera que entonces sí quería estar allí, que podía estar allí, que ahora era el dueño de la situación y que tenía derecho a hacer con ella lo que se me antojase. Entonces giré hasta quedar sobre su cuerpo, topo enorme, multitopo, y arremetí con fuerza. Laura abrió las piernas más rápido de lo que yo hubiera esperado, sin recelo, con una naturalidad imperceptible que me llevó hasta los umbrales de la cólera. Y sentí como la carne, el mar se abría a mi paso con una mínima resistencia, tan dócil, tan sencillo; y sus manos, sus topos abandonados, me atraían hacia ella clavándose en mi espalda como un aguijón enorme de humillación. Más tarde entendí que los hombres buscamos aquello que nos es negado, aquello que nosotros mismos creemos negado, y que cuando llega el momento, cuando se nos entrega simple como una ofrenda, tememos, nos ofende, cae del trono de lo imposible, de la divinidad, con un gesto burdo, irreverente, en la vida cotidiana. Ahora lo sabía, ahora estaba decidido a todo, ahora había sido empujado al mundo.

Los gemidos se mezclaban y yo arremetía con furia. El cuarto había desaparecido para mí, y sólo quedaba un desierto en el que dos animales primitivos, dos especies extinguidas, luchaban por sobrevivir, por dominarse. Me separé de ella un momento, respirando agitado, eufórico. Ahora el miedo era suyo, era el pequeño regalo que yo le había dado. No sé si tuve que forcejear o no, pero en un movimiento brusco y exacto la tomé de la cintura y la puse boca abajo, mi antebrazo sobre su cuello arqueado, sobre su cabeza erguida que me insultaba, que gritaba no sé qué cosa incomprensible. Rata torpe, ratita de laboratorio. La luna partida de Laura se apretujaba y quería escaparse a través del colchón. Así no, así no me gusta, así no lo hago, seguía gritando mientras mi otra mano se escabullía entre la sábana y su vientre abigarrado, y la levantaba de la cintura como un abrigo, como un saco, ya vencida, ya despojada de voluntad. Entonces yo sentí la resistencia férrea de la carne que, independiente de su dueño, se defiende por instinto, lucha por sí misma, por el simple dolor y no por la humillación. Pero yo estaba decidido, y era más fuerte, infinitamente más fuerte que ese puñado de nervios que sin saberlo, en la misma negación, en el mismo esfuerzo desesperado, me estaba dando lo que yo buscaba. Y otra vez me abrí paso. Ahora era yo el que mandaba.

Laura lloraba acostada a mi lado. Las sábanas revueltas tenían casi en el centro, casi abajo suyo, algunas gotitas rojas. Me quedé dormido. No sé cuánto tiempo después me despertó un rayo de sol que entró por la ventana. Ahora habían vuelto la habitación mugrienta y el olor rancio y pesado. Laura dormía de espaldas a mí, tapada a medias con la otra sábana, encorvada. Hubiera podido adivinar que del otro lado se estaba chupando el pulgar. Parecía un bebé.

Y con su pasividad, con su serenidad de sueño profundo, parecía redimirme, parecía haber aceptado mis atrocidades de la noche. Y yo también. Me vestí enseguida, dispuesto a escaparme cuanto antes de aquel aire extenuado que empezaba a sofocarme.

Me paré junto a la cama, frente a ella (no se estaba chupando el pulgar). La desperté con un suave sacudón.

—Me voy.
Apenas separó la cabeza de la almohada. Levantó la vista. La voz me llegó serena, lenta, impasible.
—Hijo de puta. Sos peor que tu viejo. No vuelvas más.
—¿Cuánto te debo?
—Cincuenta pesos.
—Me habías dicho veinticinco.
—Es la indemnización.
—Sos una verdadera puta.

Levantó la cabeza un poco más hasta apoyarla en su antebrazo, me miró de arriba abajo, una mezcla de sonrisa, burla y desprecio en su boca y en sus ojos. Laura era realmente hermosa.

—Y vos ahora sos un verdadero cliente.

Le tiré los cincuenta pesos sobre la cama y me fui furioso de aquella habitación maloliente. Yo tenía entonces 17 años.

UN BOSQUE DE ÁLAMOS
(autobiografía ficticia)

Estoy sentado en medio del monte de álamos. El viento que viene de las sierras hace crujir las ramas y eso es todo lo que puedo oír. Me colma un placer inmenso, un sentimiento de victoria: volver a comprar la casa de mi padre fue una obsesión con la que cargué toda mi vida. Desde aquel día —dos años después de su muerte, lo recuerdo nítidamente— en que se firmaron los documentos de la venta del campo, nunca dejé de soñar con que este lugar volviera a ser... ¿mío?

Miro el campo más allá del alambrado, la casa rosa, el aljibe, la camioneta cerca de la entrada. No la veo: sé que en la cocina Julie prepara unos mates. Pienso: este momento nos costó una vida entera de trabajo. Hasta el último mango.

Sólo dos veces estuve aquí desde que mi padre falleció, y a pesar de eso puedo decir que nunca me fui del todo. La primera vez tenía ocho años, y había venido a Tandil con mi madre y mi tío Claudio. Tengo pocas imágenes: voy sentado en un viejo auto cruzando un campo de papas, mi hermano paterno —Luis— prepara un asado; un cierto olor a cuero en el interior de la casa un poco abandonada, el brillo del piso helado de baldosas, y el bosque de álamos donde ahora recuerdo. Era en aquel momento un lugar extraño: me gustaba y me era indiferente al mismo tiempo. Yo no sabía la verdadera historia, aquella que recién conocería doce años más tarde. Mi imaginación se poblaba entonces de ideas exóticas sobre la muerte de mi padre: un accidente de auto en una ruta de Brasil. Veía hierros retorcidos y mi padre seguramente empapado en whisky, destrozado por el impacto. Eso es lo que me había dicho mi madre, y a mí no me costaba creerlo. Mi padre manejaba peligrosamente y siempre tomaba; era un alcohólico perdido, sabía reír brutalmente y con clase. Sabía aparentar que la vida no le importaba absolutamente nada —tal vez fuera cierto— imprimiéndole al mundo un ritmo caótico y elegante. Una cruza de dandy y kamikaze.

El silencio se hace más profundo, las hojas se ennegrecen en contraste con el cielo.

Un año antes de morir me regaló un tren eléctrico. Lo habíamos armado en su departamento, en un cuarto especial donde sólo estaba ese juguete y el suyo: un atril donde pintaba marinas de óleo inacabadas. De vez en cuando yo podía poner una pincelada. No puedo decir más: el resto desapareció de mi memoria. Pero luego quedaron las cosas, siempre quedan las cosas. Unos años más tarde volví a armar el tren en la casa donde crecí con mi madre y mis hermanos maternos. En las vías eléctricas ejecuté como un juego esas crueldades absurdas de las que es capaz un chico de diez años: con mis compañeros de escuela electrocutábamos pescaditos que se retorcían con los tenues doce voltios hasta quedar paralizados. Aún hoy, cincuenta años más tarde, me sorprendo al recordarlo. Como sea, ese tren eléctrico que era parte de mi vida venía de la muerte y seguía, a su manera, provocando pequeñas muertes.

Luego llegó el tiempo de desarmarlo, mis hormonas comenzaban a hervir. Las locomotoras y vagones fueron a dormir bajo mi cama, junto a las revistas pornográficas que comprábamos a escondidas con mis compañeros de colegio. Era el tiempo de la intensidad, del sufrimiento y de las preguntas sin respuesta: quién soy, de dónde vengo, por qué un día no he de existir más. La adolescencia no es una edad feliz.

Vuelvo a mirar hacia la casa, hay algo atemorizante allí. El viento sopla más fuerte. Escucho un crujir de puertas y ventanas.

Tenía veinte años cuando supe la verdadera historia, gracias a una casualidad. Había ido a tramitar mi primer pasaporte y los empleados de la Policía Federal me habían pedido una fotocopia del acta de defunción de mi padre. Entonces la leí por primera vez: muerte por hemorragia cerebral causada por herida de arma de fuego. Había vivido dieciséis años con una historia fantástica, inventada por mi madre para protegerme. Ella consideró que un accidente de auto en un lugar remoto era menos terrible, para un chico, que un suicidio cometido en un pozo de depresión y alcohol.

Gracias a esta primera mentira que me reveló un poco de verdad, decidí remontar mi historia y ver qué encontraba allí, en los rincones y personas que había sepultado por tanto tiempo. Volví a Tandil y encontré a un total extraño que resultó ser mi hermano Luis. También encontré primos y sobrinos. Encontré fotos y cabos sueltos. Reconstruía la historia como si volviera, en aquel cuarto en casa de mi padre, a armar mi viejo tren eléctrico. Viajé una y otra vez a Tandil en los años sucesivos. Hasta que finalmente pude entrar aquí, a La Estrella, a la casa y el cuarto donde mi padre se voló los sesos una tarde de febrero de 1976 mientras nosotros —yo, mi madre y mis hermanos maternos— veraneábamos en una playa cercana. En ese entonces, a principios de los 90, el campo pertenecía a una familia de Buenos Aires, los Stark, y yo sentía su presencia como una invasión de algo que "debía" ser mío.

Volví a ver el bosque de álamos, la galería, la cocina. Tuve entonces la vaga idea de que alguna vez volvería allí para quedarme. Julie, a mi lado, miraba extrañada a su alrededor. Para ella sólo significaba algo a través de mis recuerdos.

Pasos lentos, el sonido de una botella que se estrella contra el suelo, ruidos metálicos como ecos.

Pasaron los años: la facultad de Astronomía, trabajos erráticos, separaciones, reencuentros, la mudanza a Buenos Aires, el encuentro de una vocación en la escritura. La vida se amplificaba y cada vez me alejaba más de aquella casa rosa. Tanto me alejaba que me llevó hasta Canadá, al otro lado del planeta, donde construí con Julie otra existencia, más ligera y sin anclas. Fuimos alternadamente felices y desgraciados. Envejecimos y pudimos llegar hasta aquí, hasta esta casa y este monte de álamos.

Ahora trato de no pensar; escucho el crujido de las ramas. Se hace monótono, desaparece. Sobreviene el silencio, la nada. Un trueno estremece la tierra, provoca una estampida, los pájaros vuelan. Alguien grita.

En algún lugar de la casa, mi padre, de un tiro en la sien, ha vuelto a suicidarse

MARIPOSAS EN EL ESTÓMAGO

I

Cuando el avión despegó del aeropuerto de Ezeiza, Gastón sintió sus tripas apretujarse con la inercia de la aceleración. Por suerte, partir o no partir ya no dependía de él sino de una máquina infernal contra la que nada podía hacer. Miró por la ventanilla y en un instante vio todos los suburbios de Buenos Aires emerger del horizonte como un manto infinito de luces. Ensordecido por el zumbido de los motores no pudo evitar pensar en todo lo que se alejaba a tanta velocidad, las personas que había conocido en su vida, con las que había compartido tantas cosas, y que eran en realidad él mismo. Siguió mirando hacia abajo. Ellos se transformaban en puntos insignificantes y desde las alturas casi podía ver sus vidas enteras: ahí va Héctor de vuelta a su casa, la Tía Leonor que vuelve a su telenovela de todos los días, su amigo Gerardo que mañana, como siempre, abrirá el negocio bien temprano. Pero para Gastón todo era nuevo esa noche. Las luces desaparecieron y solo quedó la oscuridad.

El avión iba un poco vacío y los pasajeros se habían alejado unos de otros para desparramarse sobre las butacas laterales ni bien terminara la cena. Muchos de ellos hablaban en inglés: eran seguramente turistas u hombres de negocios. Gastón se puso nervioso al comprobar que apenas entendía las conversaciones que murmuraban. Buscó con el oído algunas palabras en español. Nada. De repente una voz con acento bien porteño[1] le llegó desde el asiento de atrás.

—¿Le tiene miedo a la altura? Está pálido.

—No, no... Bueno, en realidad un poquito, sí. Es la segunda vez que vuelo en mi vida. La primera vez tenía 11 años y fue para ir a Salta a ver a una tía que estaba internada muy grave. Me presento, Gastón Correa.

El tipo de atrás sonrió, se inclinó un poco y le dio la mano.

—Jorge Almaceda. Mucho gusto. ¿Y se va de vacaciones, Gastón?

—No, me voy a instalar a Nueva York. Tengo visa de inmigrante. Voy a probar suerte.

Jorge lo miró con curiosidad un poco científica, y luego contestó:

—Ah, qué bien. Yo soy médico y vivo en Boston desde hace 15 años. ¿Y usted a qué se dedica?

—Soy mecánico dental. ¿Sabe lo que es? Hago las prótesis y...

—Sí, sí, conozco el oficio. «Escultores de sonrisas», les digo yo.

Gastón se sintió halagado por la metáfora. Iba a repli-

---

1 Porteño: *originario de la ciudad de Buenos Aires.*

car con alguna opinión buena sobre la medicina pero no tuvo tiempo.

—¿Y cómo se las arregló para conseguir la visa?

La pregunta le pareció por demás incómoda. ¿Por qué dijo «arreglárselas»? Esa palabra insinuaba una trampa. Contestó secamente.

—Me ofrecieron un trabajo en Nueva York.

La respuesta disipaba toda sospecha. Trató de olvidarse por un momento de las mil y una vueltas que tuvo que dar para conseguir esa oferta de empleo, las cartas que fueron y vinieron durante meses y meses, las colas interminables en la embajada, las entrevistas casi siempre humillantes. Tal vez Jorge advirtió en este breve silencio que su pregunta había sido impertinente y quiso echar paños fríos al asunto.

—Pues lo felicito. Espero que le vaya muy bien.

—Gracias... ¿Y usted médico de qué cosa es?

—¿Cómo "de qué cosa"? De personas, creo...

—No, quiero decir... ¿Cuál es su especialidad?

—Ah, soy gastroenterólogo. La parte digestiva, ¿entiende?

—Claro, yo los ayudo a que mastiquen y usted a que escurran las tripas.

Jorge sonrió un poco avergonzado por lo grotesco de la comparación. Las azafatas repartieron las bandejas. Gastón devoró hasta el último grano de arroz y se quedó dormido.

El aire de la cabina estaba seco y viciado. Gastón se despertó un poco aturdido cuando las azafatas comenzaron a repartir el desayuno. Con su mejor inglés quiso pedir un café con leche. Masculló las palabras en su interior: *"e cofi wid e drop of milc"*. Inútil. Creyó pronunciarlas claramente y se enfadó un poco cuando la mujer volvió a preguntarle en un español inglesado qué quería tomar. ¿Cómo carajo quería que pronunciara? En Buenos Aires su vieja profesora del barrio de Bernal le había dicho que hablaba muy claramente. Se distrajo pensando en todo esto mientras comía, hasta que la luz de "abrocharse los cinturones" se encendió y sintió en el estómago una sensación parecida a la de la montaña rusa del viejo *Ital Park*. Comenzaba el descenso hacia Nueva York.

II

El aeropuerto Kennedy le pareció infinito, inabarcable. Se le antojaba darse una vuelta por allí pero la rigidez de los recorridos antes de pasar por migraciones y aduanas encerraba al rebaño recién llegado en interminables pasillos de un blanco radiante e impersonal. Se conformó con mirar por los ventanales al tiempo que pensaba, un poco afiebrado por el largo vuelo, que ahí afuera estaba su nuevo país. *"Vengo a hacer la América"* se repetía entusiasmado en su interior.

La actitud de *bulldog* del empleado de migraciones le dio escalofríos. Él sentía que tenía una misión mucho más trascendente que los que simplemente iban como turistas y que en pocos días volverían a dar vueltas por el Obelisco o el Camino Negro. Pero esto lo sabía sólo él y poco parecía importarle a los oficiales.

Pasó por donde hubo que pasar sin comprender buena parte de lo que le decían. El único saludo de bienvenida a su nueva vida se lo dio un cartel enorme colgado en el hall de arribos. Un poco más tarde, y sin mayores problemas, se encontró parado en la calle.

¡Ah! ¡Ahí estaban los enormes taxis amarillos de las películas! ¡Y esos autos tan grandes que en Argentina sólo servirían en casas funerarias! ¡Y los negros! ¡Estaba repleto! Él sólo había visto negros, turistas, en los hoteles del centro de Buenos Aires, y en las películas. Recordó aquel afiche de Martin Luther King, los brazos en alto y la mirada infinita, colgado junto al escritorio en el cuarto de Laura, esa novia inmemorial que estudiaba Historia. Todo aparecía como en un sueño, envuelto en una niebla de irrealidad. ¡Qué increíble era para él, Gastón Correa, del barrio de Bernal, estar allí *en la capital del mundo*! No podía esperar a ver la estatua de la Libertad y el *Empire State*. Pero el vaho del verano neoyorquino y el cansancio del viaje lo estaban venciendo. Se las ingenió en *spanglish* para conseguir un taxi y llegar hasta el hotel. Se quedaría allí hasta encontrar un lugar adonde mudarse. Era sábado y hasta el lunes no podría llamar a la empresa.

Durante el viaje por la autopista no cruzó una palabra con el chofer. Los separaba un grueso vidrio blindado. Sólo en un momento sus miradas se cruzaron en el espejo retrovisor. Gastón sonrió tímidamente y el chofer, hosco, giró la cabeza desinteresado. Afuera pasaban las casas blancas, casi todas iguales, enormes fábricas, moles de ladrillo rojo, y empalmes de autopista como nudos indescifrables. De repente, imponentes y lejanos, aparecieron los rascacielos de Nueva York. Era temprano y Gastón respiró profundo, diciéndose en sus entrañas: «estoy en mi nueva casa».

Un rato más tarde se desplomaba sobre la cama del hotel. Se quedó mirando por la ventana las escaleras de incendio que se cruzaban en diagonales caprichosas, hasta que se durmió.

III

Se despertó a las 2 de la tarde con la boca seca y la sensación de haber tenido pesadillas. Salió a la calle. Estaba en la 47 y la 7ma. avenida. «*Forti seven and sevenz áveniu*». Aún quedaban varias horas de luz y él tenía una cita pendiente con la ciudad.

No le costó encontrar el *Central Park, Times Square* y el *Rockefeller Center*. Caminó durante más de 4 horas bajo un sol sofocante y sólo se animó a comprar una Coca Cola: "e cóuk." Era fácil. Las moles de cemento se desplegaban ante sus ojos como una gran escenografía, y lo transportaban a un mundo que él ya había conocido muchísimos años antes, pero en versión blanco y negro. Mientras su madre discutía a los gritos con su padre, el televisor quedaba libre y Gastón consumía horas y horas de fantasías policiales y románticas; intrigas y risas siempre embajadoras de ese lejano mundo del norte.

Al anochecer llegó al mirador del *Empire State* y contempló con aire de triunfo la vista de la ciudad. "Ay, si me vieran los del barrio, no lo podrían creer", se dijo. Había unos pocos turistas allí, pero ninguno parecía hablar español. Gastón quería conversar con alguien a toda costa. Se dio cuenta de que salvo unas pocas palabras utilitarias en inglés, no había movido la lengua desde la noche anterior. "Bueno, pronto aparecerá", pensó, "recién llego y ya me estoy haciendo malasangre".

Dio la vuelta a la cornisa enrejada y pudo ver allá lejos la estatua de la Libertad con la llama de la antorcha brillando sobre la última penumbra del día. Un dolor agudo vino a clavarse como una daga en su estómago. Sintió una presión insoportable en las tripas y en el pecho, y comenzó a respirar pesadamente. Se agarró el vientre con los brazos, inclinándose hacia adelante. Ya no quedaba nadie allí. "Nunca pensé que tendría vértigo. Ay, la puta, ¡qué raro es esto!" Entró a la sala del mirador. Un guardia de seguridad le dijo secamente: "*It's closing time, sir*". Bajó y ya en la calle se sintió un poco mejor.

Esa noche y las dos que siguieron tuvo nuevas pesadillas. Apenas recordaba lo que había soñado pero veía claramente dos imágenes y dos lugares: el comedor de su casa, con el televisor blanco y negro y sus padres discutiendo en el cuarto contiguo, y el viejo cine Colonial de Avellaneda, lúgubre y solitario en una tarde de sábado. No hubiera podido explicar por qué le resultaban angustiosos esos recuerdos que en el fondo debían ser agradables. Había sin embargo algo de atemorizante en las dos pantallas, una atracción peligrosa que lo succionaba como un embudo infinito.

IV

El departamento en Brooklyn era modesto y estaba un poco derruido, como todos los edificios del barrio, pero quedaba cerca del trabajo y Gastón ya se había aprendido de memoria, en apenas 3 meses, todo lo que había en el camino. Paradójicamente, en uno de los países más grandes del mundo, su vida se había reducido a unas pocas cuadras y a un puñado de negocios donde podía comprar todo lo necesario para subsistir.

Había hecho unos pocos amigos, todos ellos provenientes de Latinoamérica. El idioma los unió desde un primer momento y con ellos pudo compartir, al menos, algunas pizzas, cervezas y partidas de cartas. Empezó a espaciar cada vez más las llamadas a Argentina, por el gasto enorme que implicaban y por el sabor amargo y nostálgico que le dejaban las voces de su familia y sus amigos, tan lejanos e inalcanzables.

A medida que se acostumbraba a su nueva vida, aquella puntada feroz se diluía y pronto se olvidó del asunto.

Sin embargo, cada vez que por algún motivo viajaba a Manhattan, la sensación punzante volvía. Llegó a creer que se trataba de algún tipo de alergia a no sabía bien qué... Pensando en lo extraño de la situación, decidió pedir un día franco para ir al médico. El doctor Harris —especialista clínico del Memorial Hospital de Brooklyn— le realizó un examen completo pero no encontró nada anormal. Se limitó a prescribirle un antiácido. Gastón probó con él un tiempo, pero no dio resultado. Para colmo de males, descubrió que los dolores reaparecían con más violencia cuando iba, cada tanto, a ver un partido de *baseball* o *football* americano con sus nuevos amigos.

Al mes siguiente, preocupado cada vez más por la extraña enfermedad, pidió otro día de licencia y fue nuevamente a visitar al Doctor Harris, quien inmediatamente lo derivó al servicio de gastroenterología. Allí el Doctor Forsyth le realizó todo tipo de análisis. Pero otra vez nada apareció: su estómago estaba en perfecto estado.

Gastón comenzó a preocuparse seriamente. Pasaba las horas en el trabajo pensando en su problema, mientras las dentaduras de porcelana le sonreían cínicamente. A veces, cuando nadie lo veía, jugaba a conversar con ellas, moviéndolas como títeres.

—*Good morning Mr. Correa... How are you?*
—*Very well, thank you, Mrs. Whiteteeth...*
—*How is your stomach today?*

Una tarde de domingo organizó con sus pocos amigos una excursión a Connecticut. Al mediodía, mientras compartían un picnic en un parque rodeado de casas enormes, Gastón sintió una terrible presión, no ya en la boca del estómago sino en todo el pecho, y perdió el conocimiento. Sus amigos lo llevaron enseguida al hospital. Tras un día de observación le dieron el alta sin encontrar anomalía alguna...

V

La situación ya era francamente desesperante. Gastón se pasaba horas y horas pensando en su desgracia. Comenzó a abstraerse del mundo que lo rodeaba. Rendía menos en el trabajo y llegaba tarde cada vez más a menudo. Sus compañeros notaron el cambio, y hasta el jefe de personal le hizo un serio llamado de atención bajo amenaza de despido. Pero Gastón no podía dejar de preocuparse, sobre todo cuando los dolores aparecían en circunstancias cada vez más absurdas y frecuentes. Las pesadillas que había tenido al llegar volvían noche tras noche, las pantallas siempre succionándolo con una fuerza irresistible.

Una madrugada, recapitulando lo que le había pasado desde su llegada al país, recordó su encuentro en el avión con el doctor Almaceda. Se levantó de la cama y llamó a informaciones. Una semana después se encontraba sentado en el consultorio de una clínica en Boston.

Almaceda lo recibió cordialmente, y Gastón sintió un gran alivio al poder explicar sus problemas en su propia lengua. Otra vez el examen fue exhaustivo. Fueron y vinieron por todo el hospital. Sin embargo, el médico parecía mucho más interesado en la vida de Gastón que en sus posibles patologías. Le preguntaba una y otra vez qué había hecho desde que había llegado a Nueva York. Gastón le habló de los dolores, de su barrio, de sus pocos amigos, de su trabajo. Finalmente y casi sin darse cuenta mencionó las pesadillas.

—Ah, esa parte sí que es curiosa —dijo Almaceda—. ¿Podría quedarse hasta mañana en Boston? Lo invito a cenar a mi casa. Puede dormir allí también. Tenemos que seguir hablando.

¿Qué le quedaba por hacer? Gastón, un poco sorprendido por el giro de la situación, aceptó sin peros. Pasó el resto de la tarde en las inmediaciones de la clínica. A las 5 y media Almaceda apareció en el estacionamiento. Fueron juntos en su auto hasta la fabulosa casa victoriana que el médico tenía en Salem.

Gastón conoció a toda la familia, conversó de «lugares comunes» durante toda la cena, y después del postre Almaceda lo invitó a pasar a su oficina. Era un cuarto en el subsuelo, lleno de libros, cuadros y fotos de Buenos Aires. El médico cerró la puerta y sacó un puro de una caja de madera. Gastón encendió un cigarrillo. Se miraron un rato en silencio, mientras la atmósfera se iba llenando de un humo dulce y somnoliento que invitaba a una conversación de trasnoche. Almaceda dijo casi en un susurro:

—Cuénteme otra vez sus pesadillas...

Gastón, un poco fastidiado porque no veía la relación de éstas con sus dolores, replicó:

—Bueno, es lo que le dije en el hospital. Sueño con mi casa y mis amigos de la infancia, y siempre hay pantallas.

—Eso, eso, hábleme de las pantallas. Hoy me dijo que lo asustaban. ¿Por qué?

—Es difícil de explicar. Siento que me atraen, que me succionan, como si estuviera cayendo dentro de ellas. ¿Me entiende?

El médico se quedó en silencio largo rato. Al fin, saliendo de sus elucubraciones, preguntó:

—¿Usted podría quedarse unos días en Boston? Me interesaría muchísimo estudiar su caso a fondo.

—¿Más exámenes? Me van a echar del trabajo, ya pedí tres días, tres meses seguidos.

—Yo le puedo hacer un certificado, e incluso decir que está internado en mi clínica. Claro que en realidad se quedaría en mi casa.

—¿Me va a hacer los estudios aquí mismo?

—No precisamente... —sonrió veladamente, para sí—. Yo también me voy a tomar una pequeña licencia.

Gastón estaba desconcertado. ¿Qué se proponía Almaceda? Todo se tornaba un poco sospechoso. Almaceda advirtió lo ambiguo de la situación y se adelantó:

—Creo que con los análisis realizados ya es más que suficiente, y no tiene sentido seguir por esa vía. Si me permite, lo que quiero hacer es estar con usted en el momento mismo en que «experimente» uno de sus ataques.

Gastón se sentía un poco incómodo, pero no se atrevió a desafiar abiertamente la autoridad del médico, que por otra parte se mostraba realmente interesado y cordial. Dijo cualquier estupidez para intentar escaparse.

—No traje ropa, ni tengo dinero para pagarle.
—No se preocupe, somos casi del mismo talle, y no pienso cobrarle nada.

Ahora sí estaba contra las cuerdas. Al fin, dijo:

—Bueno, está bien. Pero si cambio de opinión, me vuelvo a Brooklyn.
—Con sus dolores a cuesta, sin duda.

Almaceda saboreó discretamente su victoria. Le gustaban las discusiones, y más aun ganarlas. Tenía en el fondo el orgullo y la mansa soberbia de todos los médicos. Conversaron media hora más sobre otros temas sin importancia. Esa noche Gastón durmió profundamente, y no tuvo pesadillas.

VI

A la mañana siguiente Almaceda fue hasta la clínica y volvió al mediodía. Gastón estaba en el jardín.

—¿Y? ¿Cómo se siente? Ya arreglé todo en el trabajo: hasta la semana que viene no tengo que volver. Eso nos da cinco días. También mandé un fax a su empresa avisando que debió ser internado.

—Gracias. Yo no hice mucho. Estaba empezando a aburrirme. Su tratamiento es por demás relajado.

—No se preocupe, comemos algo y nos vamos a dar una vuelta por ahí. ¿Que le parece si vamos a un parque de diversiones?

Gastón lanzó una carcajada.

—Linda semanita de vacaciones... Bueno, como usted diga.

Almaceda manejó casi media hora mientras Gastón permanecía inmutable, apenas interesado por algún que otro edificio o jardín que pasaba raudamente por la ventanilla. Llegaron al parque.

Todos los gastos de esa tarde corrieron por cuenta del médico, y Gastón se sorprendía a cada momento al ver cómo se extendía la billetera generosa. Pero más lo sorprendía la actitud casi infantil de Almaceda, que disfrutaba de los juegos como si fuera un adolescente, mientras él mismo, su huésped, miraba todo con un dejo de desinterés. Además el médico lo acosaba en cada pausa con preguntas insidiosas sobre películas y recuerdos del pasado.

La sensación punzante no molestó a Gastón en todo el día, ni siquiera al descender las montañas rusas más empinadas. Almaceda consideró que ya era suficiente y sugirió emprender el regreso.

En vez de tomar la autopista, volvieron por un camino secundario. Eran las cuatro y media de la tarde. Almaceda manejaba sin prisa alguna, observando de reojo qué cosas le llamaban la atención a Gastón. Comenzaba a sentirse decepcionado, y la hipótesis que había avanzado la noche anterior se diluía lentamente. No encontraba elementos suficientes para sustentarla. Quizá fuera mejor callarse la boca y mandar a Gastón de vuelta a su casa. Sí, se lo diría a la mañana siguiente.

De pronto Gastón abrió grandes los ojos y le pidió al médico que se detuviera.

—Mire, una exposición de autos de los años 50. ¡Esto me apasiona! ¿Quiere que demos una vuelta?

—Bueno, yo de autos no entiendo nada, pero si tanto le interesa, bajemos.

Caminaron un rato entre los coches impecablemente restaurados. Aquí un Cadillac, allí un Chevrolet Belair, más allá un viejo Oldsmobile. Las promotoras se acercaban a explicarles cosas en inglés y los llenaban de panfletos. Almaceda se estaba aburriendo, cada vez más convencido de lo necio de su teoría... tan disparatada. Pero Gastón se sentía realmente a gusto y apenas prestaba atención a su anfitrión.

Llegaron a una punta del predio. Sobre un enorme cartel podía leerse: «*Drive your own 50's car!*» Gastón no pudo resistirse. Pagó a las encargadas los ocho dólares y se puso a elegir modelo. Había tres: un convertible blanco, otro rojo, y un Belair *negro*. Fue inmediatamente hacia el Belair. El médico lo miraba ahora con más curiosidad. ¿Por qué había elegido ese modelo, *el negro?* Tal vez su teoría no estuviera tan errada. Era cuestión de esperar. En cinco minutos tendría la respuesta.

La pista era un gran óvalo que se elevaba un poco hacia el oeste, donde acababa de ponerse el sol. Daba la ligera impresión, desde el extremo del estacionamiento, de dirigirse hacia un barranco. Gastón subió al auto y encendió las luces. Dio dos vueltas lentamente, entretenido con el suave andar y el lujo anacrónico del interior. Pero en la tercera, cuando iba por la recta hacia el oeste, levantó la mirada y en el momento justo de doblar una punzada, mucho más intensa que todas las anteriores, le robó el conocimiento. Desde la otra punta Almaceda oyó la bocina sonar. Vio el auto salirse del camino y frenar contra unos arbustos. Corrió a ayudarlo, diciéndose en su interior que tal vez, *tal vez,* no se había equivocado.

El personal de la feria insistía en llamar una ambulancia. Almaceda despertó a Gastón y lo arrastró hasta su auto. Quería irse a toda prisa. Ya habían perdido demasiado tiempo con exámenes clínicos y no había nada que hacer en un hospital.

VII

Lo despertó a eso de las 11 de la noche. Gastón estaba desorientado y no recordaba bien lo que había pasado:

el tablero del Belair, el rugido del motor y luego el horizonte, borroso.

La familia ya se había ido a dormir. Sobre la mesa había quedado un plato servido. Almaceda le dijo que comiera tranquilo y que luego bajara a su oficina. Quince minutos después Gastón entraba en la nebulosa de humo que el habano del médico había instalado. Le pidió que se sentara y le ofreció una copa de cognac. Bebieron en silencio. Gastón se preparaba para otra larga charla. Ahora realmente la necesitaba. Encendió un cigarrillo. Unos minutos después el médico comenzó:

—¿Recuerda alguna película en especial que haya visto en el cine Colonial de Avellaneda?

Fastidiado pero rendido al fin, Gastón balbuceó:

—Sí, me acuerdo de «El mejor», con Robert Redford, ésa sobre un jugador de *baseball*. También me acuerdo de "Vértigo", una de *Hiscoch* o *Hitcoch* o algo así.
—Hitchcock...
—Eso es. Hubo otras, no sé, casi siempre policiales o de terror.
—En todo caso, siempre cine americano, ¿no?
—Sí, bueno, usted sabe, crecimos mirando eso. De vez en cuando alguna argentina, también.
—Y en la televisión, ¿qué miraba?
—Películas, y sobre todo series. Mis viejos[2] tenían unas peleas terribles y para mí la tele era una forma de aislarme de sus problemas... Recuerdo que al mediodía

2 Mis viejos: *i.e. Mis padres.*

siempre daban "Los tres chiflados", seguido de "El Súper Agente 86". No me lo perdía nunca.

Almaceda volvió a sumirse en sus pensamientos. Gastón encendió otro cigarrillo.

—Oiga, ¿usted además de médico es psicólogo? Mire que yo en eso no creo.

—No, no soy psicólogo. Pero tampoco le estoy hablando como médico. ¿Sabe una cosa? A mí me gusta mucho el cine... vi los films que usted vio, y otros. Voy al cine todas las semanas.

—Ah... ¿Y?

—"Rebelde sin causa" es una de mis favoritas. ¿No le dice nada eso?

—No.

—Pues debería.

—No entiendo adónde apunta. Lo que más me interesa ahora es saber qué es lo que me pasó esta tarde. Tuve otro de esos ataques. Sí, *eso* pasó.

—Es lo que le estaba por explicar. No se impaciente... Hay algo que me llama la atención: usted tiene esos dolores cada vez que está en una situación parecida a la de alguna escena de una película que vio hace años. ¿Se había dado cuenta?

Gastón lo miró sorprendido.

—No, ni siquiera se me ocurrió.

—Sin embargo, creo que ahí está el *quid* de la cuestión. Es complicado, y le pido que no hable de esto con otros médicos.

—¿Por qué?

—Mi razonamiento no es del todo lógico, o más bien,

del todo racional. Desde un punto de vista clínico, usted está perfectamente bien. Y me atrevo a asegurar que no está loco. En todo caso, si usted comenta esta charla, a quien van a tildar de demente es a mí.

—Explíquese mejor, ¡me estoy perdiendo!

Almaceda volvió a encender el puro. Casi desapareció tras la nube de humo.

—Le voy a decir lo que pienso de una sola vez, y no creo que esto le cure los dolores. Pero al menos los va a poder evitar si tiene buena memoria: usted esta *comprimido.*

—¿Qué?

—Sí, oyó bien: está *comprimido.* Comprimido por el paso de una experiencia real, en tres dimensiones, a un mundo que para usted siempre fue de celuloide, o sea, *plano.* De allí la atracción de las pantallas en sus pesadillas. Cada vez que usted se encuentra en una situación similar a la de una película, aparecen los dolores. Usted está siendo forzado a ser parte de una escena que se desarrolla en un mundo ficticio. No hay nada que hacer al respecto. Sólo puede tratar de recordar las películas de su niñez, aquellas que más le gustaron, y evitar recrear las mismas situaciones. Tiene que reconocer las acciones y las escenografías que lo amenazan. Por cierto, fue una idea desafortunada meterse dentro de "El Mejor" cuando fue al partido de *baseball.* Y más desafortunado fue interpretar a James Dean en "*Rebelde sin causa*" esta tarde. Por su bien, evite repetirlo.

Gastón enmudeció. Miraba de reojo a Almaceda, tratando de entender, y de creer, lo que acababa de escuchar.

—Usted está completamente loco —dijo al fin—. Igual le agradezco su tiempo.

—Piense lo que quiera, pero le ruego que no comente esta conversación, ¿está bien?

—Se lo prometo, no se preocupe.

—A propósito, ¿no ha ido al cine desde que llegó?

—No.

—Este fin de semana llega a Nueva York una película argentina, "*El camino en el espejo*". Tiene buena crítica. Vaya a verla, si puede. Yo voy a tener que esperar que la traigan a Boston.

—Bueno, iré si tengo tiempo —Hizo una pausa, encendió un último cigarrillo y sonrío sarcásticamente—. Pero... ¿no hará que los dolores reaparezcan si vuelvo a Buenos Aires?

Yanko

Construimos la casa sobre un terreno que mi papá había comprado en cien cuotas, en los fondos del tiro federal, a unas cinco cuadras del Club Hípico San Vicente. Mi tía Laura decía que no era una buena inversión, porque la cercanía del campo de tiro desvalorizaba "la finca" (le encantaba usar esa palabra, la hacía sentirse importante). "Hay un terraplén de cinco metros de altura", le decía papá, "que no pueden atravesar ni el ruido ni las balas". Él decía también que el Club Hípico le daba prestigio al barrio y que eso haría subir el precio de "la propiedad" (Ésas eran las palabras que le gustaban a mi papá. Más tarde aprendí que finca y propiedad eran sinónimos).

Sin llegar a decidir nunca si era una buena inversión o no, la casa se levantó igual. Primero el comedor y la cocina, después el dormitorio de papá y mamá y por último mi cuarto y el de Gastón, que pintamos de azul con una franja amarilla. El resto se pintó de blanco, y todavía me acuerdo la amargura de papá cuando los precios de los materiales subieron y no llegó a poner el techo de tejas que él quería. "Pero así no parece un chalé", le decía mamá. Papá tuvo que resignarse a poner unas acanaladas de zinc. "Es mejor, las comadrejas no pueden meterse debajo", nos explicó el día que trajo las chapas. Yo le creí y el lunes siguiente les expliqué a mis compañeros de escuela que habíamos decidido poner zinc (yo no decía "chapas", no sé por qué, me daba vergüenza) para no tener comadrejas viviendo sobre el machimbre. Lo cierto es que una madrugada oímos pasos en el techo. Mamá se despertó asustada y corrió afuera. Papá estaba sentado sobre las chapas, pintándolas con antióxido rojo a la luz de la luna. A la mañana siguiente, si uno miraba la casa desde la lomada de la esquina, el techo parecía de tejas, se los juro. "Ahí está el chalé", nos dijo papá con los ojos rojos como el antióxido. Durmió hasta las cuatro de la tarde.

La instalación eléctrica fue fácil de hacer. Como papá trabajaba en la compañía de luz y energía, consiguió que nos pusieran el medidor enseguida y no tuvimos que esperar dos o tres meses como todo el mundo. Un sábado vino su amigo Artusi con la camioneta llena de rollos de cable de colores que Gastón y yo acomodamos bajo el porche. Fue un fin de semana de los más divertidos que recuerde: papá me pidió que pelara las puntas de los cables con el alicate y hasta me dejó usar el buscapolos. El buscapolos es como un destornillador pero más peligroso, porque sirve para saber cuál es el cable que tiene corriente y hay que tocarlo con mucho cuidado, agarrando solamente el mango. Como Gastón era más chico, él no lo pudo usar y ésa fue su gran bronca del fin de semana.

El domingo a la tardecita pusimos todas las tapas de los enchufes y los interruptores. Otra vez papá y mamá se pusieron un poco tristes porque hubieran querido que fueran de cerámica con flores, como las tapitas de la casa de la tía Laura. La plata alcanzó para poner tapas de plástico, nada más. A mí me daba igual: eran blanquísimas y eran nuevas, y se podían limpiar con un trapo húmedo, como dijo el ferretero. A las siete y media, justo antes de que oscureciera, se prendieron todas las luces y papá tiró el sol de noche en el galponcito del fondo. Ya no hacía falta. Yo subí con Gastón a la lomada para mirar la casa desde lejos. ¡Si hubieran visto cómo brillaba! Hasta se veían las paredes azules con la raya amarilla por la ventana de nuestro cuarto.

Esa noche papá dijo durante la cena que la casa estaba terminada.

* * *

El barrio era nada más que un puñado de casas desparramadas en el vallecito que iba desde la lomada hasta el arroyo Las Cañitas. Parecía un poco separado de la ciudad, que estaba al norte, del otro lado del tiro federal y el club hípico. La calle asfaltada más cercana estaba a unas cinco cuadras, justo después de la lomada, y por suerte pasaba por ahí el 575 que nos dejaba en la escuela. Era lindo los días de lluvia caminar por el barro. Yo siempre empujaba a Gastón para que se cayera en un charco y él a veces lloraba porque decía que si estaba muy mojado le podía caer un rayo en la cabeza. No sé de dónde sacaba esas ideas. Yo nunca les tuve miedo a los rayos.

Les decía que el asfalto estaba a cinco cuadras pero la verdad es que era imposible contarlas porque las manzanas no estaban marcadas todavía y una esquina bien podía estar acá como un poco más allá. Pero en la escuela me habían dicho que una cuadra son más o menos cien metros y que un paso largo es más o menos un metro. Como yo no era muy alto entonces —tenía 10 años y medía apenas más que el pilar de la luz que construyeron papá y Artusi— calculaba que un paso mío medía un poco menos de un metro y que cinco cuadras debían ser más o menos seiscientos pasos si no estiraba las piernas exageradamente. Y eso es lo que había desde el porche de casa hasta el asfalto: seiscientos pasos míos, y algunos más de Gastón. Yo no quería que asfaltaran nuestra calle, pero papá y la tía Laura decían que eso "valorizaba mucho la finca". Mamá me tranquilizaba diciendo que igual iban a tardar como diez años porque había otros barrios que esperaban desde hacía mucho más tiempo. Papá se enojaba y le recordaba que él tenía amigos en la municipalidad y que el asfalto iba a llegar de un momento a otro. Papá tenía amigos que podían arreglar todo, hasta lo que no hacía falta.

Los fines de semana el barrio era mucho más ruidoso. La casa rodante de la inmobiliaria que vendía los lotes se estacionaba sobre la lomada y venía mucha gente a mirar el lugar y a preguntar cosas. Algunos traían cintas métricas y cuerdas, otros se sentaban en el pasto y tomaban mate mientras discutían dónde iba a ir la cocina, hacia dónde iba a mirar la puerta, que valía la pena poner una pileta más adelante, si la situación del país lo permitía, que esto, que lo otro. Mamá se ponía muy nerviosa con tantas personas dando vueltas alrededor. Descolgaba la ropa de la soga y barría el porche y a veces hasta le pedía a papá que metiera el Renault 4L detrás de la casa para que no se viera que estaba todo oxidado. No entiendo por qué. El 4L es un buen auto y nunca nos abandonó en el barro, pobre, tanto que lo criticaba. Pero mamá era así.

Durante la semana, a la vuelta de la escuela, el barrio era un campo desierto. A mí y a Gastón nos gustaba eso. Podíamos subir a la lomada y oír los tiros cuando el viento soplaba del lado bueno y jugar a que estábamos en la guerra, aunque yo me sentía un poco grande ya para eso. Las más de las veces íbamos al arroyo a buscar ranas o al alambrado del Club Hípico a mirar los caballos. No había chicos de nuestra edad cerca de casa pero eso a mí no me molestaba. Con los de la escuela ya era suficiente.

Lo del Club Hípico se me empezó a meter adentro. Un día fui sin Gastón, porque ya era casi de noche. No había nadie y los vareadores se habían ido. Pasé por debajo del alambrado y me acerqué a un caballo enano (unos días después supe que esos caballos se llaman "poney") que estaba arrancando las hojas de un limonero. Era marrón y tenía una estrella blanca en la frente. Me paré al costado y empecé a acariciarle el lomo. El caballo sacó una verga enorme, como una longaniza rosa con una funda negra, y me orinó la zapatilla. Yo seguí acariciándolo, no era su culpa. Era un caballo lindísimo. Entonces me acordé de que faltaba un mes para mi cumpleaños.

* * *

Mi papá es un tipo severo, no hay que tomarlo a mal. A veces se enojaba por alguna macana que habíamos hecho y nos daba un cachetazo, y mientras nosotros nos quedábamos llorando y pensando en lo injusta que era la vida, él se iba calmando y nos miraba como pidiéndonos disculpas. Era así: le costaba hablar y explicar las cosas y eso lo enojaba más y al final la única forma de ponerle fin al asunto y pasar a otra cosa era darnos un mamporro. Era más la lástima que nos daba que lo que dolía. Nos daba lástima que no pudiera hablar y contarnos qué es lo que tanto le molestaba, papá que tenía tantos amigos y tan pocas palabras. Pero esto no pasaba todos los días y si uno lo conocía y sabía tirarle para el costado más bueno, mi viejo era "un tipo de lo más macanudo" (papá siempre hablaba así de sus amigos).

Me cuidé toda una semana de no hacer nada que pudiera enojarlo y me esforcé para que se diera cuenta de lo bien que me estaba portando. Hasta imité la letra de la maestra y me escribí una nota de felicitación en un trabajo de la escuela. También traté de que Gastón no se mandara ninguna macana porque había que preparar bien el ambiente. Yo sabía que pedir un caballo de regalo de cumpleaños era un poco mucho y había que hacer buena letra y merecerlo, sobre todo porque mamá todavía quería poner las tejas y las tapitas de cerámica y la casa pasaba por sobre todo lo demás cuando había que gastar plata.

Sabíamos desde el martes que el domingo iba a venir Artusi con su señora a comer un asado, y yo decidí que era el mejor momento para sacar el tema. Ahora que lo pienso no fui del todo honesto. Los Artusi tenían mucha más plata que nosotros y yo sabía que a papá y mamá les iba a dar un poco de vergüenza decirme delante de ellos que no podían comprarme el caballo. Pero bueno, a veces uno tiene que hacer cosas crueles para tener lo que quiere.

No les voy a hablar del asado porque es algo aburrido de contar. Solamente les puedo decir que mi plan funcionó, que mamá y papá se pusieron muy incómodos, que Artusi se dio cuenta y que enseguida dijo que él quería participar de un regalo tan lindo pagando la mitad (yo le dije que él me regalaría la cola, la crin y las ancas, para que papá y mamá pudieran regalarme las patas, la cabeza y el lomo, que era lo más importante.) Gastón dijo que un caballo era un regalo muy grande y que íbamos a tener que darle de comer toneladas de cosas caras. Qué estúpido Gastón, estaba celoso y casi arruina todo. Yo prometí ocuparme de llevarlo todos los días al arroyo para que comiera el pasto de la orilla, que era del más verde de todo el barrio.

* * *

De todos los caballos que vimos me tocó el mejor: un poney gris con manchas blancas, no de esos peludos que parecen viejos aunque sean potrillos, sino uno de ésos con pelo corto y brillante. Papá dijo que un poney era lo menos peligroso y que además Gastón también podría pasear sin romperse las costillas si se caía.

Lo fuimos a buscar el sábado de mi cumpleaños, a la mañana temprano, con el 4L. Estaba en un campo no muy lejos de casa. El señor que nos lo vendió nos dio una soga larga para que lo pudiéramos llevar atado al paragolpes. Llovatznaba un poco y yo me empapé la cara pero no podía dejar de mirar cómo trotaba manso al costado del 4L mientras papá iba despacito, en segunda, remontando la lomada. Por suerte en casi todo el camino no había asfalto, porque el suelo duro les hace mal a los cascos y como el caballo era nuevo yo no quería que se arruinara tan rápido.

Llegamos a casa al mediodía y mamá había colgado globos en el porche porque a la tarde íbamos a festejar mi cumpleaños y habíamos invitado a los Artusi, a la tía Laura y a mis compañeros de escuela. Ya me imaginaba sus caras cuando vieran el poney, ellos que siempre se burlaban de mí porque vivía tan lejos y tenía un 4L oxidado.

A las dos de la tarde empezó a llover más fuerte y la calle se embarró completamente. Yanko —así le puse a mi poney— brillaba todavía más mojado. Vino solamente un chico de mi grado, Julián Costa. Ni siquiera éramos muy amigos, pero tengo que decirles que desde el momento en que vio el poney me empezó a tratar mejor que nunca. La tía Laura llegó a las tres, en un remis. Me trajo de regalo un recado de cuero de oveja, un freno, un bozal y una cabezada. La tía Laura me quería muchísimo, que en paz descanse.

A las cuatro paró de llover y papá ensilló a Yanko. Él no sabía mucho de caballos pero se las arregló bastante bien. Esa tarde Gastón, Julián y yo nos la pasamos subiendo y bajando la lomada en el poney, que aunque era petiso podía trotar bastante rápido. Cuando Julián se fue Yanko estaba todo embarrado y le salía vapor del lomo. Le pasé la soga alrededor del cuello, agarré el balde de mamá y lo llevé al arroyo. Lo até a un tronco, lo lavé con una esponja y hasta le peiné la crin con los dedos. Se me ocurrió que Yanko era tan buen caballo que si algún día el 4L se quedaba en el barro él podría tirar y sacarlo.

A la noche lo até en un poste que papá plantó atrás del galpón. No me pude dormir hasta las doce. Tan contento estaba.

* * *

El lunes llegué tarde a la escuela. Los chicos del grado me miraban de reojo y en cuanto llegó el primer recreo me empezaron a preguntar de todo sobre Yanko, porque Julián ya les había contado y ahora todos querían venir a mi casa, que de repente ya no estaba tan lejos. Cuando llegó el tercer recreo el 4L ya era un auto excelente y todos lamentaban mucho no haber podido venir a mi cumpleaños, pero era porque los autos nuevos de sus papás se habían descompuesto. No eran como el 4L que no se quedaba nunca.

El sábado siguiente el jardín de casa era un desfile. Vinieron cuatro compañeros y hasta una de las chicas, ellas que siempre hacen rancho aparte. El pobre Yanko los paseó todo el día y mi mamá estaba de lo más contenta atendiendo a mis amigos, tanto que hasta volvió a colgar los globos y preparó otra torta. Fue la única vez en mi vida que festejé dos veces mi cumpleaños. Papá no estaba de tan buen humor, andaba como perdido, encerrado en su cuarto, escuchando la radio todo el día. En un momento entré y le dije que no se preocupara tanto, que seguramente íbamos a poder poner las tejas el verano siguiente. Pero él me dijo que no era tan fácil, que yo no podía entender. Así que lo dejé solo y me fui a pasear con Yanko y los chicos. Pobre caballo, lo tuvimos caminando hasta las ocho de la noche.

Los pibes del grado siguieron viniendo todos los fines de semana. La casa se había transformado en un club. De repente un sábado no apareció nadie. No me preocupé demasiado, y hasta me puse contento porque por fin iba a tener a Yanko para mí solo. No veía la hora de que llegaran las vacaciones para poder montarlo todos los días y cepillarlo bien y cambiarle las herraduras si juntaba la plata suficiente que me ahorraba del colectivo cuando volvía de la escuela caminando.

Los pibes no habían venido, claro, porque Julián Costa se había comprado "un criollo", que es más alto que el poney pero no por eso más caballo. Cuando le pregunté en un recreo por qué no me había invitado a verlo me explicó que yo ya tenía a Yanko y que pensó que seguramente o me iba a aburrir o no iba a poder subir a uno tan alto porque ya estaba acostumbrado al petiso. Creo que no hablamos muchas veces más después de ese día. Ya no teníamos nada que decirnos.

* * *

Después de algunas semanas Gastón perdió interés y Yanko y yo nos quedamos solos en nuestros paseos. Se acercaban las vacaciones y yo casi había juntado la plata para las cuatro herraduras y si no, por lo menos, para las dos de adelante que eran las que más gastadas estaban. Yanko ya me reconocía desde lejos y cuando venía bajando la lomada a la vuelta de la escuela yo chiflaba fuerte y él siempre respondía con un relincho desde el fondo de casa. Hacía los deberes a toda velocidad para alcanzar a pasear un rato antes de que anocheciera. Mamá me decía que tenía que pasar más tiempo con otros chicos porque a mi edad no era normal que mi único amigo fuera un caballo, pero a mí me daba igual. En las charlas de los recreos, mi casa había vuelto a estar demasiado lejos y el 4L había vuelto a ser un 4 Latas oxidado.

Por esos días el aire en casa se cortaba con un cuchillo: papá andaba de lo más amargado por una huelga que había en la compañía de energía. Les habían bajado el sueldo a los empleados que quedaban —porque habían despedido a unos cuantos, incluido Artusi— y no se hablaba de otra cosa que de "privatización". A mí esto último no me quedaba del todo claro pero papá decía que era una mala noticia y que para él era como retroceder veinte años. Yo me preguntaba qué tenía de malo eso si él siempre se quejaba porque se sentía cada vez más viejo y después de todo le estaban ofreciendo rejuvenecerlo. Entonces él me explicó que íbamos a tener menos plata por mes y que seguramente las tejas no iban a llegar nunca. No habló de vender a Yanko, por suerte, porque para mí eso hubiera sido el fin.

Como el tiempo estaba lindo y había terreno de sobra, mamá empezó a plantar verduras en el fondo de casa y en los lotes del costado. Con Yanko la cosa se complicaba porque apenas veía un brote verde quería comérselo. Tenía que vigilarlo muy de cerca y llevarlo lo más posible al arroyo para que se distrajera de los surcos de mamá y no hubiera líos. Otra cosa que recuerdo muy bien de esos días es que la comida cambió y que de repente ya no hubo más dulce de leche en la heladera. Empezamos a comer kilos y kilos de verdura y los asados de los domingos empezaron a espaciarse hasta que los yuyos crecieron sobre las cenizas húmedas de la parrilla. A mí no me importaba. Yanko comía pasto todo el tiempo y estaba sano y fuerte por donde se lo mirara.

* * *

El último viernes de clase se hizo eterno. El sol rajaba las baldosas del patio y la despedida de las maestras y la directora se hizo larguísima. Yo miraba el reloj digital que me había regalado la tía Laura y contaba las horas y los minutos que faltaban para llegar a casa, ensillar a Yanko y no bajarme ya hasta marzo. Cuando sonó el último timbre todos corrimos como locos hacia la salida y yo alcancé a tomar el 575 sin saludar a nadie. No me gustaban esas cosas y además Julián Costa era en esos días el que se llevaba toda la atención del grado, sobre todo con diciembre por delante y su caballo criollo "para hombres grandes", como le gustaba decir cuando yo andaba cerca.

Bajé la lomada corriendo y chiflando fuerte, pero Yanko no contestó. No me preocupé, porque el viento soplaba fuerte del norte y era casi seguro que no podía oírme. Lo que sí se oía muy bien eran los disparos que venían del tiro federal, claro. Entré a casa y saludé a mamá, que estaba hirviendo unas verduras. Tiré los libros sobre la cama y volví a salir. Gastón recién empezaba a bajar la lomada. Crucé el jardín a toda velocidad para ir atrás a saludar a Yanko. Frené a último momento y me acerqué despacito, la espalda pegada a los ladrillos del galpón. Quería darle una sorpresa.

Salí de un salto y le grité *"¡empezaron las vacaciones!"*. Pero no había nada delante de mí. Había algo, sí, un poco más abajo. Algo que yo no había visto nunca. Un cuerpo enorme, quieto, mudo, atado a una soga floja. Un cuerpo apenas tibio que se dejaba tocar como una tabla, como un almohadón, como las cosas que no respiran ni quieren ni necesitan comer para seguir siendo lo que son. Esa cosa era Yanko y miraba sin mirar con sus ojos abiertos, zonzos, como de vidrio. Una mosca se limpiaba las patas sobre la frente. Al costado de la oreja un agujerito muy chiquito se abría como un túnel negro hacia adentro de la cabeza. La sangre seca había dejado una manchita redonda y una línea marrón bajaba hasta la quijada. Me quedé ahí, arrodillado, sin soltar ni una lágrima. Ése no era Yanko. Era un montón de huesos, carne y cuero que ya no me conocía.

Sin decirle nada a mamá, me fui hasta el arroyo y me quedé con los pies en el agua hasta que oscureció. El arroyo tenía el color pardo de la sangre seca de Yanko.

* * *

Esa noche hubo un gran revuelo. Mamá le gritaba a papá que había que vender la casa ya mismo, que no era un lugar seguro para nosotros con las balas perdidas que sí, sí podían llegar más allá del terraplén. Papá le decía que seguramente había sido un accidente y que no teníamos plata para ir a ningún otro lugar.

Como hacía calor me fui afuera y me quedé un rato sentado al lado de Yanko, esperando que en una de esas de repente se parara y empezara a relinchar. Había ya tres o cuatro moscas revoloteando sobre los ojos. Parecían festejar, gordas, culonas, miserables, las alitas redondas vibrando en el aire. A las once y media papá vino a buscarme y me llevó a la cama sin decir ni una palabra. Pasé la noche despierto, mirando la oscuridad por la ventana. Creo que de a ratos Gastón me espiaba desde su cama. Yo esperaba oír un relincho, unos cascos sacudiendo el suelo. Esperaba un milagro.

Amaneció lloviznando. A las nueve papá nos dijo a Gastón y a mí que nos vistiéramos rápido, que pasaríamos el día en lo de la tía Laura y que a lo mejor hasta nos llevaba al cine. Cuando íbamos subiendo la lomada con el 4L pasó Artusi con la camioneta a contramano. Papá lo saludó con la mano y siguió. Era muy raro que Artusi fuera a casa si papá no estaba, pero no quise preguntar qué pasaba. Papá estaba muy serio y yo sabía que no era momento de hablar.

La tía Laura nos llevó esa tarde al cine, como le había prometido a papá. Vimos *La máscara*, una película con un actor de lo más estúpido. La tía y Gastón se reían a carcajadas, pero yo no podía dejar de pensar en Yanko y en los tres meses de vacaciones que tenía por delante. Hubiera querido que ya fuera marzo.

El domingo vinieron los Artusi a casa —dos veces en un fin de semana era todo un récord—, papá arrancó los yuyos de la parrilla y comimos un cordero asado en el jardín. Me trajeron una bicicleta de regalo y yo no entendía por qué tanto halago si no era mi cumpleaños ni nada.

Papá me puso un poco de vino en el vaso y me dijo que lo tomara de un trago, que iba a hacer mejor la digestión. Papá nunca me dejaba probar el vino, aunque se lo pidiera de rodillas. Con ese vaso él me estaba diciendo que yo ya era un poco más como él, como Artusi, como los adultos. Era como la palmada que me daba en la espalda cuando buscaba mi compañía y no encontraba palabras. Entonces miré el plato otra vez y vi que la carne era oscura, mucho más oscura que la de cordero. Artusi y papá le echaban sal y chimichurri y comían con ganas.

Ahí entendí, y entender fue como una cachetada de ésas que a uno lo dejan sordo y tonto y lo sacan del mundo de un tirón. Agarré el cuchillo engrasado y lo dejé caer de punta. Se clavó en la tierra húmeda. Papá me miró fijo como si estuviéramos solos en la mesa. Me miró como no me había mirado nunca, sin bronca, sin esperar nada, sin pedir perdón. Me di cuenta de que los dos teníamos ganas de llorar.

"Es carne y se come", me dijo.

* * *

Desde que cumplí 15 años me dejan salir solo los sábados, siempre y cuando vuelva antes de las ocho. A veces me da por tomar cualquier colectivo y hacer el recorrido completo. Las afueras de la ciudad se pusieron muy peligrosas, pero por suerte ahora vivimos mucho más cerca del centro y del colegio. Cuando murió, la tía Laura nos dejó su casa y nos acomodamos muy bien ahí. En el '97 papá tuvo un infarto y se jubiló. Artusi sigue viniendo a visitarlo todos los fines de semana. Buen tipo, Artusi.

Hace unos días me tomé el 575 para ver cómo estaba el barrio. Tardamos casi cuarenta minutos en llegar. A lo mejor Julián Costa tenía razón y nuestra casa estaba lejísimos, no sé... Bajé del colectivo y subí la lomada.

"El chalé" sigue ahí, un poco venido a menos, y hay unas cuántas casas más alrededor, muy humildes, la mayoría de chapa. Nuestro jardín está lleno de autos viejos apilados. Hay basura por todos lados y al fondo, contra el arroyo, humean fogatas de vaya a saber uno qué. El tiro federal sigue funcionando, pero el Club Hípico se mudó a otro barrio.

Me fui con la sensación de que todo estaba peor, a no ser porque asfaltaron la calle.

Papá tenía razón.

EL CONGRESO

Recibí la invitación por correo, una mañana de marzo, mientras me cebaba unos mates en el patio y hojeaba *Crónica*. Los tres mocosos de la familia del fondo trataban de atrapar una rana en la alcantarilla. Querían usarla de blanco para jugar a los dardos en el segundo patio, el de atrás, el basurero, esa tierra de nadie donde escapan a la vigilancia de todos. Pero no a la mía.

Dejé el sobre blanco sobre la silla. Me adelanté despacio, agarré la rejilla que estaba sobre el cantero y la sellé a la boca del sumidero de un pisotón. Los chicos me miraron, descreídos primero y asustados cuando di un segundo golpe más ruidoso. Se alejaron encogiéndose de hombros. La rana hizo 'croc' bajo la rejilla. No soporto la crueldad gratuita.

Volví a sentarme y miré el sobre. El remitente era un tal Tomás Eliadez, domiciliado en un paraje de Tucumán llamado Cinco Santos. Entendí enseguida que se trataba de un mensaje cifrado: quien me escribía no era otro que el Gringo Witt. Hacía dos años que no tenía noticias de él y mejor así, porque en esta profesión conviene siempre mantenerse alejado de los colegas y no verlos más que en caso de necesidad. De necesidad, digo, y no de urgencia. En la urgencia no hay colegas.

Dentro del sobre había una única hoja con estas líneas escuetas:

"Estimado doctor,

Estoy organizando una reunión de ex alumnos y me gustaría que acudiera para compartir con nosotros sus recuerdos y novedades. Estaremos los cinco graduados con honores, habrá torta y mate dulce. Tal vez intercambiemos viejos juguetes.

Bambi fue el primer ecologista. Cría cuervos y te sacarán los ojos. Qué hermoso es el Jardín Japonés cuando recién abre. Cómprese patines.

Cordialmente,

Tomás Eliadez."

Hacía mucho tiempo que no leía mensajes cifrados, pero mi afición a los cuentos de Conan Doyle y al *scrabble* me mantenía en forma. Leí la carta otra vez y puse manos a la obra. En quince minutos había transformado el texto. Me enfadaba un poco la pereza de Witt. Nunca fue bueno para los juegos de palabras y mucho menos para las claves.

Los ex alumnos éramos, sin duda, Peretti, Sosa, Kolef, Witt y yo. Aquello de "graduados con honores" se refería a los cinco que jamás habíamos pisado una prisión ni un tribunal, aunque en la carta era más bien una fanfarronada gratuita. Nos considerábamos intocables y recordábamos con un poco de condescendencia a esos otros colegas que se pudrían tras las rejas, pero no lo decíamos en voz alta ni lo poníamos por escrito. La frase "habrá torta y mate dulce" estaba ahí para hacer más tentadora la invitación. Cualquiera sabe que "torta" quiere decir mujeres y "mate dulce", alcohol. Lo de "viejos juguetes" ya era más serio, porque quería decir que nos pasaríamos informaciones importantes. El párrafo siguiente tenía un poco más de estilo. Contenía el lugar y la fecha de la reunión:

"Bambi fue el primer ecologista. Cría cuervos y te sacarán los ojos". Como siempre, la reunión se haría en Venado Tuerto, donde hay un prostíbulo célebre y un hotel barato y discreto sobre la ruta. Debíamos llegar el 21 de enero, "cuando recién abre el Jardín Japonés", famoso por su acuario, es decir, cuando comienza el mes astrológico del mismo nombre. Debíamos también ser prudentes y actuar con disimulo: de ahí la instrucción de "ir en patines", sin hacer ruido.

Releí la invitación haciendo las substituciones necesarias:

"Estoy organizando una reunión de asesinos a sueldo y me gustaría que vengas para que nos digas en qué andás. Estaremos los cinco intocables, va a haber minas y buen trago. Tal vez intercambiemos informaciones útiles. Nos

reunimos en Venado Tuerto el 21 de enero. Sé discreto. Cordialmente, el gringo Witt."

***

En esos días andaba sin trabajo, así que no tenía ningún motivo para faltar a la cita. Decidí que viajaría en micro a San Pedro el veinte de enero, dormiría allí, y en la mañana del veintiuno tomaría otro micro hasta Venado Tuerto. Nunca hago trayectos directos. La triangulación es regla en esta profesión.

Seguí hojeando el diario y llegué a las noticias policiales. Lo de siempre: un crimen pasional, un robo de poca clase, una estafa que se veía venir y unos cuantos asaltos mal planeados que terminaron en la morgue policial, allí donde víctimas y victimarios, después de ultimarse, comparten unas horas de silencio y el principio de la eternidad. Seguí recorriendo la página. Una nota al pie contaba el triste final de Marco Benítez, un asesino de Longchamps capturado veinticuatro horas después de haber matado a Lucio Montessi, un corredor de quiniela endeudado hasta el cuello. Una clienta encontró a Montessi en la cocina de su casa, a eso de las nueve de la mañana, ahorcado con una gruesa soga de cáñamo, colgando de una viga, con un banquito tumbado a sus pies sobre el piso de cemento. Sobre la mesada había dos botellas de ginebra vacías y un único vaso. Aunque no hubiera carta que lo confirmara, la policía creyó en un primer momento que se trataba de un suicidio, porque la víctima tenía motivos concretos para quitarse la vida. Descartaron la hipótesis a las pocas horas: a Lucio le faltaban dos dedos de la mano derecha, producto de una mutilación por un ajuste de cuentas entre estafadores. Un perito médico determinó que le hubiera sido imposible, siendo diestro, armar correctamente un nudo corredizo con una soga tan gruesa. Como es de rigor en su profesión, los detectives recorrieron las ferreterías del barrio preguntando quién había comprado cuerda en los últimos días. En Turdera, un ferretero les dio la pista certera al mencionar que un vecino se había llevado cuatro metros de cáñamo trenzado la víspera del asesinato. Era la soga con la que Montessi supuestamente se había suicidado, y la longitud coincidía.

Lo que siguió fue sólo cuestión de horas: averiguaron la dirección, encontraron a Benítez en su casa, revisaron su ropa, hallaron hebras de cáñamo y constataron que las palmas de sus manos aún estaban cuarteadas por el forcejeo tremendo que implica izar un cuerpo laxo. Benítez tenía antecedentes por agresión. Aunque nunca había estado preso, en la seccional ya lo tenían fichado. El último párrafo era una breve biografía de Benítez. Había sido cadete en la escuela de suboficiales de la Armada —donde seguramente había aprendido a hacer nudos— pero lo habían echado por raterías menores y alcoholismo incipiente. Final abrupto para una carrera mediocre. Se lo merecía.

Muchos tienen una profesión y muchos se la inventan: falsos médicos, falsos abogados, falsos gerentes y hasta falsas putas. Sin embargo, la profesión de asesino requiere una formación ardua y un talento innato si uno no quiere terminar cubierto de verdín en una celda mugrienta. Hay que conocer a la víctima en todas sus cualidades físicas y espirituales manteniendo siempre la mayor distancia posible. Haber pasado por alto su incapacidad física para hacer un nudo era un error imperdonable. La policía, tarde o temprano, lo habría descubierto. Benítez no estaba al tanto de las técnicas forenses más avanzadas. Creyó que dejando limpia la escena del crimen estaría a buen resguardo. Se equivocó en eso y descuidó otras aristas. Aunque la víctima hubiera tenido todos sus dedos, habría sido fácil verificar sobre la viga la dirección en que la cuerda se había deslizado. Si el cuerpo hubiera sido izado, las hebras de cáñamo se habrían incrustado en una dirección. Si, al contrario, la soga se hubiera mantenido floja hasta el momento que en Montessi pateó el banquito, las hebras habrían quedado en la dirección opuesta, tanto en la viga como en la soga. El suicidio, otra vez, quedaba descartado.

Reconozco que el uso de alcohol, aunque es un método clásico conocido por los investigadores, suele dar resultado porque parece absolutamente natural y hasta necesario en el estado mental que precede al suicidio. Pero Benítez calculó mal las proporciones. Dos botellas de ginebra, con una graduación superior al cuarenta por ciento, bastarían para desmayar a una persona de ciento cincuenta kilos. En una persona de peso menor habrían tenido un efecto aún más profundo y hasta podrían haberle inducido un coma alcohólico. Entonces ¿cómo logró Montessi subir al banquito? ¿Cómo logró Benítez que Montessi tomara esa cantidad de ginebra? Había dos posibilidades: o bien Montessi y Benítez se conocían y el primero había invitado al segundo a su casa a beber, o bien Benítez se había introducido y había obligado a Montessi, a punta de pistola, a tomarse el contenido de las dos botellas. Descarto la primera hipótesis: aunque el asesino fuera bastante estúpido, parecía lo suficientemente avezado como para no romper la regla esencial de la distancia y el anonimato.

Sin embargo, había hecho una interpretación limitada de un principio fundamental en esta profesión: entre víctima y victimario siempre hay un intercambio material. Es cierto, Marco Benítez no había dejado rastros en la escena del crimen. Pero su interpretación había sido limitada precisamente porque esa escena siempre es mucho más grande que el cuarto, la casa o el lugar donde se comete el homicidio. La escena del crimen, en un concepto amplio —de esto hemos discutido horas y horas con Witt— debe definirse como la suma de lugares y personas que el asesino frecuenta desde que se le encarga el trabajo hasta que la policía abandona la investigación. El buen asesino no debe pensar ya en términos espaciales ni en rastros meramente materiales. El buen asesino, el profesional, aquél que aspira, como nosotros, a graduarse con honores, debe entender que cada acto, cada palabra, cada mirada y hasta cada idea pueden arruinar su carrera de una vez y para siempre.

Yo creía saberlo.

***

La pensión que estaba junto a la terminal de micros de San Pedro ofrecía catres infestados de pulgas y chinches por ocho pesos y, por dos pesos más, una ducha compartida de la que apenas salía agua. Había dormido en lugares peores y no quería alejarme, así que pagué, me bañé y fui a cenar al bar de la esquina. Me sentía fresco y bien dispuesto después de haber dormitado toda la tarde entre vapores y tufos propios y ajenos, empapado de transpiración en el ómnibus sin aire acondicionado que me había traído desde Buenos Aires.

Camino al bar compré *Crónica*. Acodado junto a una ventana que apenas calmaba el calor incendiario de esa tarde de enero, desplegué el diario sobre la mesa y tomé el primer sorbo de cerveza fría. Como de costumbre, salteé todas las secciones para ir directamente a las policiales. Esa tarde había más que nada hechos sangrientos: asaltos, violaciones, secuestros, mutilaciones. La paz rutinaria de San Pedro parecía un milagro.

El mozo me trajo una milanesa aceitosa. Al cortarla, las salpicaduras dejaron pecas brillantes en el diario. Recorrí los titulares dos veces, cubriendo con la vista las dos páginas a la vez: *Anciano asesinado a golpes en San Telmo / Asalto y tiroteo en una parrilla de Liniers: 2*

muertos / Carrera mortal: asaltan una estación de servicio
y al huir atropellan a una mujer y a su hijo: 4 muertos /
Abuela desalmada prostituía a su nieta de 14 años espo-
sada a una cama / Guerra de pandillas en Villa Itatí: el
tráfico de drogas se cobra cuatro nuevas víctimas / Suicidio
del empresario Orestes Guillén: la fiscalía nombra un nue-
vo investigador.

Seguí comiendo y di vuelta la hoja. Me atraganté con un pedazo de carne.. Tomé un trago cerveza. Volví a las policiales y releí el último titular: *Suicidio del empresario Orestes Guillén: la fiscalía nombra un nuevo investigador.* El calor de la tarde desapareció. Leí la nota a toda velocidad, salteando líneas, volviendo hacia atrás cada dos o tres palabras para tratar de entender, luchando contra un rompecabezas que yo mismo, en mi desesperación, desarmaba una y otra vez.

"El caso del empresario Orestes Guillén, caratulado hace cuatro años como suicidio, ha tomado un curso totalmente inesperado. La fiscalía, que originalmente había investigado junto a la brigada de homicidios de la Policía Federal, decidió esta semana retomar las pesquisas. El nuevo investigador asignado al caso, el detective Germán Kucevich, declaró a este diario que "nuevos elementos indicarían que se trató en realidad de un homicidio premeditado." Consultado sobre la naturaleza de las nuevas pistas, el detective respondió que, por el momento, el juez ha impuesto el más estricto secreto de sumario.

Germán Kucevich, 43 años, investigador de carrera y licenciado en psicología, se desempeñó en varias áreas de la Policía Federal, pero ganó fama y prestigio cuando en 1997 resolvió el caso de Patricia Malaber, ahogada en aguas del Tigre en un presunto accidente de lancha, ante varios testigos oculares que en su momento confirmaron el hecho. Kucevich, por iniciativa propia, vigiló al viudo de la víctima durante varios meses, hasta que halló pruebas contundentes que condujeron a su inculpación por homicidio. Fernando Lupo, marido de la víctima y anestesista de profesión, había suministrado a su esposa un extraño cóctel unos minutos antes de escenificar su ahogamiento. Gracias a sus antecedentes de detective implacable y sagaz, la fiscalía le ha dado a Kucevich carta blanca en este nuevo caso que ya parecía definitivamente cerrado.

Recordemos que Orestes Guillén falleció en mayo de 2000 en su departamento de Caballito, luego de ingerir una copa de un potente veneno. El empresario, dueño de varias curtiembres en Lanús y Lomas de Zamora, vivía solo y, según su médico, era maníaco depresivo. Tenía problemas de alcoholismo y se hallaba fuertemente endeudado."

Todos los nombres me eran familiares. Todos. Pero había uno que no esperaba encontrar allí: Germán Kucevich. La historia que contaba la nota era la mía, pero no me incluía y tal vez no lo haría nunca. Yo había matado a Orestes Guillén y nadie lo sabía. Por eso seguía perteneciendo al club de los graduados con honores.

Por eso me dirigía a Venado Tuerto. Por eso me reuniría con los mejores asesinos, los que siempre cobran y nunca pagan la cuenta. Para nosotros, la frase "el crimen nunca paga" es la constatación que hace la gente común de la falta de habilidad de algunos para ejercer esta profesión. En veinte años de carrera, el crimen nunca había dejado de pagarnos.

Y ahora Germán Kucevich reaparecía en mi vida dispuesto a destruirlo todo. Vendría por mí. Me daría caza con su inteligencia torturada y su obstinación de mula. Pocas personas me inspiran respeto y muchas menos me inspiran temor. Kucevich era una de ellas.

Nos conocimos hace más de treinta años en la Facultad de Filosofía y Letras de la Universidad de La Plata. Kucevich estudiaba abogacía. Como pasaba sus ratos libres leyendo clásicos griegos y romanos, había decidido asistir al curso de Introducción a la Filosofía que dictaba en esos años el profesor Pousa. Yo estaba repitiendo el primer año de la carrera de Ingeniería, después de perder todas las cursadas y buena parte del dinero que mi familia me había dado para acomodarme modestamente en la capital de provincia. Me había aficionado peligrosamente a los naipes. Cada peso que llegaba a mis manos desaparecía a las pocas horas sobre la felpa verde de las ratoneras clandestinas del Jockey Club.

Había pasado el verano leyendo párrafos sueltos del *Diccionario de Filosofía de Ferrater Mora* que un estudiante había dejado olvidado en el cuarto de la pensión donde vivía. Un poco por interés y otro poco para impresionar a mis compañeros de póquer, a principios de marzo comencé a asistir como oyente al curso del profesor Pousa. Por esa predisposición que tienen las personas a sentarse siempre en el mismo lugar, Kucevich y yo terminamos siendo compañeros de banco. A comienzos de abril ya habíamos entablado una cierta amistad. Después de clase solíamos sentarnos en algún banco de Plaza Rocha o en un café de la calle siete. Kucevich me explicaba el funcionamiento de las ciudades en la Grecia antigua y yo le enseñaba a calcular probabilidades y riesgos en el póquer y el pase inglés. Él me hablaba de las virtudes de la razón y yo de cómo adivinar en los ojos del adversario el embuste de una apuesta levantada con malas cartas. Nunca llegamos a ser grandes amigos, pero a lo largo de dos años de cafés y cervezas compartidas pudimos comprender el modo de razonar del otro. Nos guardábamos, en aquel tiempo, respeto y admiración.

**

Yo envenené a Orestes Guillén. Pero no lo hice de cualquier manera: fue, por así decirlo, un envenenamiento ritual. En el dormitorio de su departamento lo obligué, apuntándole con una antigua Beretta semiautomática que hoy descansa en los fondos del Riachuelo, a ingerir una copa de cicuta que yo mismo había preparado unas horas antes. En menos de veinte minutos comenzó a derramar saliva, su cuerpo se distendió y sus piernas cedieron. Perdió la capacidad respiratoria y su corazón, tras sufrir una crisis de taquicardia, dejó de latir. Una muerte relativamente rápida y limpia, a fin de cuentas. Orestes Guillén nunca me había visto y en su breve agonía sólo alcanzó a murmurar *por qué, por qué...*, aunque creo que murió sabiendo la respuesta. Yo también la sabía: era sólo una cifra, dos millones de pesos que había pedido prestados a un usurero de la peor calaña y que nunca pudo devolver. Una suma mucho mayor que la que yo había aceptado para ponerle fin a sus días.

Sobre la mesa de luz de su cuarto dejé la copa vacía, con sus huellas digitales claramente marcadas. Arrojé algunas flores y hojas de cicuta machacadas en el lavabo del baño. A un costado dejé una cuchara de madera impregnada en savia. Llevaba los pies enfundados en nylon y las manos cubiertas con guantes de cirugía, la cabeza totalmente rapada y ropas muy ajustadas de acrílico tejido fino. No dejé en la escena ni una hebra, ni una huella ni un pelo que pudieran delatar mi presencia.

Me coloqué un segundo par de guantes de látex, sin quitarme el primer par. Puse la llave de Guillén en la cerradura, del lado de adentro. Salí y en pocos segundos cerré la puerta desde afuera, sirviéndome de una media llave pulida y de una ganzúa que había preparado unos días antes. De más está decir que hay muchísimas formas de cerrar una puerta desde afuera dejando la llave dentro. Cualquier colega sabe esto y cada cual usa la técnica que prefiere.

Fue un trabajo simple y discreto. La policía creyó desde un principio que se trataba de un suicidio. Algún que otro diario destacó la originalidad del método y las resonancias históricas del veneno utilizado. Un periodista de La Razón se dio el gusto de escribir *"... antes de ingerir la copa de cicuta que le trajo el verdugo, Sócrates le pidió a su amigo Critón que se ocupara de honrar sus obligaciones. A diferencia del sabio griego, Orestes Guillén dejó un tendal de deudas impagas."* El comentario me irritó porque, entre líneas, evocaba la posibilidad del homicidio y exponía claramente el móvil. Me dije que la policía ya sabía que Guillén había dejado tras de sí una larga fila de acreedores furiosos —más de cincuenta en total— y que todos ellos podrían haber sentido deseos legítimos de verlo muerto. Eran muchos sospechosos, demasiados, y de todas formas ningún elemento en la escena del crimen indicaba la presencia de una segunda persona.

Estaba satisfecho de mi trabajo. Recibí mis honorarios y me alejé lo más posible de todo lo que pudiera tener alguna relación con la víctima o con mi empleador. A los pocos días pude olvidar el asunto.

Cuatro años más tarde, en un bar mugriento de San Pedro, camino a un congreso de asesinos, sofocado por el calor de una noche incendiaria y el bochorno de las moscas, supe que Kucevich se lanzaría tras de mí en una cacería sin cuartel. Él era el único capaz de descifrar la escena del crimen. Yo había respetado la regla básica de la distancia: no conocía a la víctima, no conocía al empleador, y a nada ni a nadie me había acercado. Pero el nuevo detective había sido, alguna vez, mi amigo. Habíamos pensado juntos, habíamos especulado, nos habíamos medido y estudiado. Eso le daba una ventaja inigualable.

Sentí, por primera vez en mi vida, que estaba en peligro.

***

Me desperté a las tres de la mañana. El catre estaba empapado de sudor. Encendí la luz. Me levanté y me sequé la frente con la camisa. Tenía la sensación de haber despertado de una pesadilla, pero no podía recordar qué había soñado. Dos moscas negras caminaban por la pared, indiferentes a mis movimientos. Me vestí y bajé a la calle. La plaza estaba desierta. En el bar de la esquina las puertas estaban abiertas de par en par. Un hombre escurría el piso en damero, tirando sobre la vereda un agua turbia y jabonosa que arrastraba cigarrillos, cáscaras de maní, servilletas usadas y carozos de aceituna. A unos metros de allí, dos policías dormían dentro de un patrullero. En algún lugar, no lejos, un televisor repetía el último noticiero de Crónica. El sonido eléctrico y distorsionado se mezclaba con ladridos lejanos.

Me sumergí en la oscuridad de los paraísos y los sauces. Bajé hasta la barranca por una calle paralela a la avenida Mitre. El aire del río no lograba aplacar el calor de la madrugada. A lo lejos, al este, resplandecían las luces de las torres del puerto de granos. Un rumor de silos y sentinas llegaba hasta el despeñadero.

Bajé la cuesta y caminé por la costanera. Los barcos del club náutico flotaban inmóviles. El río apenas reflejaba las luces de la ciudad. No había luna y la humedad opacaba el cielo. A esa hora, pensé, el gringo Witt estaría reventando toda su guita en algún prostíbulo de las afueras de Venado Tuerto: festejo anticipado de los días que vendrían.

La transpiración me caía por la frente y las sienes. En un poste, junto al muelle, una pizarra anunciaba el pronóstico del tiempo y la navegación para esa noche: vientos calmos, treinta y dos grados de temperatura, noventa por ciento de humedad, presión atmosférica baja. Todo parecía dilatarse y respirar pesadamente en aquél infierno a cielo abierto: las tablas mohosas de la rambla, la corteza de los árboles, el río denso como el aceite, mi cuerpo pesado. Caminé hasta el final del espigón. Me saqué los zapatos y hundí los pies en el agua. Estaba tibia y apenas me refrescó. La noche estaba perdida: ya no podría volver a dormir.

Me distraje recorriendo con la vista la silueta negra de las islas. De repente me sentí observado y giré bruscamente la cabeza. No había nadie, pero era una mala señal: en nuestra profesión, sentirse observado equivale a dudar. Y dudar, a equivocarse. Recordé la nota del diario que había leído esa tarde. Una idea surgió del agua oscura como una boa dispuesta a devorarme. Una idea, una duda, una pregunta. *¿Qué estaría haciendo Germán Kucevich a esa misma hora?* Levanté los pies mecánicamente. *¿Qué estaría haciendo?* Lo imaginé sentado ante una gran mesa, en la cocina de su casa o en una oficina, rodeado de recortes de diarios y fotos del suicidio de Guillén, transpirando en el enjambre de la noche, como yo. Lo imaginé leyendo a Platón, repasando las circunstancias de la muerte de Sócrates. Lo vi rememorando sus años de facultad en La Plata, los cursos de filosofía, nuestra amistad y aquella última discusión que nos separó para siempre. Lo oí enumerar con entusiasmo las propiedades de la cicuta y los personajes que a lo largo de los siglos habían muerto envenenados con ella. Lo imaginé, al fin, imaginándome.

Habían pasado tantos años y ahora volvíamos a pensar juntos.

***

¿Cómo describir las horas que siguieron? Yo no soy escritor: soy un asesino. No me queda más remedio que exponer los hechos en orden cronológico, o al menos, tal como los recuerdo. ¿Pero qué importa? El calor de aquella noche cedió, es lo único que cuenta. Aquí en Trelew, entre el mar y el desierto, una inmensidad helada me protege. Aquí el pasado no puede alcanzarme.

Estuve en el espigón hasta que comenzó a clarear. Transpiraba a raudales. Cada tanto sumergía las manos en el agua y me humedecía la frente. Decidí reconstruir mentalmente la escena y las circunstancias de la muerte de Guillén. Necesitaba encontrar, allí o en un pasado más remoto, el elemento exacto que le permitiría a Kucevich venir tras de mí, la pista que le sugeriría mi presencia en la escena del crimen, la intuición o el recuerdo que me harían aparecer como un fantasma junto al cadáver de Guillén. Ese elemento podía estar en cualquier rincón de nuestra memoria. ¿Qué nos habíamos dicho en aquellos años de amistad en La Plata? ¿Cuántas veces discutimos sobre Sócrates? El profesor Pousa siempre le daba la razón a Kucevich. Ellos entendían la resignación de Sócrates como un sacrificio supremo en pos de sus valores. Sí, el sabio había sido hallado culpable de un crimen. Aunque injusta, aceptó su sentencia y esperó impasible la copa de cicuta. ¿Y si, en cambio, hubiera aceptado que su amigo Critón sobornara a los guardas, a los jueces o al verdugo? ¿Si los hubiera sobornado él mismo? ¿Si hubiera vivido veinte años más? La historia habría sido otra. Quizá Sócrates hubiera escrito y Platón hubiera caído en el olvido. Quizá, veinticuatro siglos más tarde, Gastón Kucevich hubiera sido el asesino y yo el perseguidor.

El sudor me entró en los ojos, denso y ácido. Al verme privado de la vista pude por fin recordar. Fue una tarde a fines de noviembre, en el cuarto de mi pensión. Kucevich había venido a jugar a las damas. Traía consigo un ejemplar del diario El Día. Tenía la costumbre de leer mientras jugaba, pero eso no le impedía ganarme nueve de cada diez partidas. En un momento comentó con desgano algo que estaba en boca de toda la ciudad por esos días: el rumor que pretendía que un poeta platense bastante conocido, Aurelio Berti, había entregado a las fuerzas parapoliciales a varios amigos de su hija. Victoria, la hija de Berti, militaba activamente en un partido de izquierda que a su vez tenía un ala armada: estaba en las listas negras del gobierno y podía ser arrestada de un momento a otro. Ser arrestado, en esos tiempos y en los años que siguieron, significaba, cuando menos, ser torturado. Pero casi con certeza significaba la muerte.

—Es un traidor —dijo Kucevich.

Levanté la vista del tablero y me quedé mirándolo en silencio. Yo conocía a Victoria Berti. La había visto dos veces en los pasillos de la facultad de Filosofía, a la salida del curso de Pousa. Era una chica ruidosa, desparpajada. Las crenchas rojas le caían sobre los hombros como dos estandartes. Siempre estaba rodeada de una comitiva de amigos que aprobaba, obediente, cada una de sus palabras. Se movía con el desenfado y la seguridad de quien se sabe protegido por la notoriedad —por la de su padre, al menos—. Era delgada, tenía ojos verdes y algunas pecas alrededor de la boca; era impertinente y parecía no dudar nunca. Si hubiera sido más discreta, creo que hasta podríamos haber sido colegas. O amantes.

—¡Traidor! , repitió Kucevich.

Se equivocaba. Yo mismo hubiera dado mi vida por salvar a esa criatura. Se lo dije.

—Tu vida, sí. No la de otros. Berti entregó a los amigos de su hija. Él no arriesgó nada —replicó fastidiado.

—Su vida, para los milicos, no tenía ningún valor. Él no era un sospechoso. Era solamente un poeta. No había canje posible.

—Entonces tendría que haberla secuestrado él mismo, tendría que haber huido con ella. Lejos. Al desierto. A la selva. Fuera de la ciudad. Fuera del país. Pero como vos decís, él era solamente un poeta. Y como era *solamente* eso, no podía alejarse de su casa, de sus lectores, de la gente que lo saludaba con respeto y lo ensalzaba acto tras acto, libro tras libro. Berti no puso en la balanza la vida de su hija y la de sus amigos: él decidió que su propia fama —por insignificante que fuera— valía más que la libertad de unos desconocidos. Berti, en definitiva, los traicionó para salvarse.

Me quedé perplejo. Recordé la carita pecosa de Victoria y toda la lógica de su razonamiento se desmoronó.

—Suponiendo que lo que decís es cierto —dije apartando el tablero— el resultado fue otro. La hija de Berti hoy está viva y él es la vergüenza de la ciudad. Por eso mismo lo mencionaste.

Kucevich quiso responderme, pero yo me puse de pie y le pedí que se fuera. Al cruzar el umbral me habló por última vez.

—Nunca vas a entender el sacrificio de Sócrates.

—No, nunca —dije sin mirarlo.

***

Me enjuagué los ojos con agua del río. El cielo era ahora de un rojo infernal. El sol estaba a punto de salir y la mañana se anunciaba sofocante. Me puse los zapatos y caminé hasta el puerto de granos.

Estaba seguro: Germán Kucevich me había descubierto. Habíamos pasado la noche recordando juntos y ya era sólo cuestión de días o de horas antes de que la policía me atrapara y un juez cagatintas me encerrase para siempre. No podía salvar a Sócrates, ni a Victoria, ni a sus amigos, ni a Berti. Pero estaba a tiempo de salvar mi propio pellejo. Peretti, Sosa, Kolef, Witt. Y yo. Cuatro por uno. Era mi única salida. No me graduaría con honores, pero envejecería libre, lejos de todo. Entregaría a cuatro asesinos para que uno, sólo uno, quedara en libertad. La cuenta cerraba: conocía al menos dos homicidios por cada hombre. Les darían perpetua. Recordaba fechas y detalles. Recordaba los métodos. Los nombres de las víctimas eran lo de menos: los archivistas se encargarían de eso.

Corrí hasta un teléfono público y marqué el número del cuartel central de policía. Pasé por cuatro operadoras. Sabía que me estaban rastreando. Los sonidos eléctricos de las reconexiones se sucedieron. Finalmente oí la voz de Kucevich, que atendió entre bostezos. Treinta años de silencio habían desaparecido en un segundo.

—Te doy cuatro asesinos a cambio de mi libertad. Cuatro por uno. Pero vos dejá de perseguirme.

Me recliné contra el vidrio de la casilla.

—¿Quién habla? —dijo Kucevich.

—No me tortures más. Sé que sabés todo.

Se hizo un largo silencio. Oía la respiración quejosa de Kucevich.

—Sí, ya sé todo.

—Entonces tenés que aceptar mi trueque. Es la oportunidad de tu vida.

—Sí, es cierto. Pero necesito detalles.

La sangre me galopaba en las sienes.

—¿Detalles? No tienen importancia. Lo que importa es el ritual.

—El ritual. Exacto. Te tengo cercado. Pero igual quiero conocer los detalles. No te preocupes, yo voy a respetar el trueque. Tres por uno.

—Cuatro.

—Sí, cuatro... —tosió roncamente—. Contáme todo. Quiero ver si tu versión coincide con la mía.

—Quiero un salvoconducto para cruzar a Brasil. Y la promesa de que el caso quedará archivado.

—Archivado, sí, no te preocupes. Como dijiste: es la oportunidad de mi vida.

Mis ojos se llenaron de lágrimas. Del río llegó un zumbido lejano, mecánico, y el agua comenzó a agitarse.

Por entre las islas vi venir una lancha de pasajeros. Puse el teléfono contra mi pecho. La lancha se acercaba. Del falso mástil bajaban, a proa y a popa, dos cuerdas con banderines y luces de colores. Parecía regresar de una fiesta río arriba. Estaba amarrando cuando la cubierta se pobló de rostros familiares. Paradas ahí, listas para desembarcar, estaban todas las víctimas que yo había ultimado en mis treinta años de carrera. Me saludaban, agitaban pañuelos y servilletas. Venían a mi encuentro. Tras ellos, silenciosa y recostada contra un salvavidas, estaba Victoria Berti.

Cerré los ojos y levanté el tubo.

—Querés los detalles... Bueno. Empezá a grabar.

* * *

Germán Kucevich nunca respondió el teléfono. Al día siguiente, en la celda de la comisaría primera, supe que en realidad había hablado con Alejandro Parrela, un cadete que asistía a Kucevich en sus investigaciones, más que nada sacando fotocopias y respondiendo el teléfono cuando llamaba algún chiflado para exponer sus hipótesis absurdas. Kucevich estaba de vacaciones en Bahía San Blás, pero viajó a Buenos Aires en cuanto se enteró de mi arresto. Entró a la celda y me saludó sorprendido. Me dijo que hacía años que no pensaba en mí, y que por nada del mundo me habría asociado con el caso de Orestes Guillén. Me preguntó por qué me había entregado y había traicionado a mis colegas. No supe qué responder. Me dijo que seguramente me trasladarían a una cárcel en otra provincia, para protegerme de una venganza segura. Le di las gracias.

Pasamos el resto de la tarde jugando a las damas.

EL RECTO PROCEDER

Hace algunos siglos, en las grandes planicies que se extienden entre las costas del Mar Negro y las del Caspio, el General Poltrov tenía establecido su reino. Poltrov era un hombre tiránico, cruel y racional en extremo, producto de una vida de disciplina militar. Ahora en su apogeo disfrutaba del poder absoluto que ejercía sobre sus súbditos, unos pocos miles de campesinos y artesanos.

El territorio de Poltrov tenía sólo dos burgos: Lalandia y Falstria, en los extremos este y oeste respectivamente. Pero la comunicación y el transporte resultaban lentos y complicados ya que no existía ningún camino que uniera las ciudades. Con la simetría y la apariencia tan regular del paisaje las caravanas de viajeros solían extraviarse y demoraban siempre unos días más de lo previsto. Para terminar con este atraso que en parte avergonzaba al reino, el General decidió la construcción de una gran ruta de piedra que uniera ambos puntos. Trazó en un plano una línea recta y mandó llamar a Espiralov, el ingeniero real, para la ejecución de las obras. Espiralov, que era un hombre excéntrico desde todo punto de vista, escuchó paciente el proyecto del Rey y General, y luego respondió:

—*General Poltrov, ya que el desierto es tan aburrido, sería mejor que el camino tuviera algunas curvas y descansos, pequeños accidentes que mantengan la atención del viajero, que alegren la vista. Un grupo de árboles allí, una subida más allá, un puente colgante que cruce una zanja...*

—*Espiralov, aprecio su consejo. Pero yo he dibujado ya el plano más perfecto: una recta. No sólo es el camino más corto y el menos costoso: la recta representa orden, prolijidad, eficiencia. No se discute más: construya mi camino recto tal cual lo ordeno, y mándeme llamar cuando esté terminado.*

Espiralov no era tonto: sabía que desobedecer una orden del General era poner su cabeza bajo la guillotina. Así que construyó el camino del rey, recto, rectísimo; y engañoso... Porque el desierto era tan extenso que la más inmensa y suave de las curvas continuas sería percibida como una firme recta. Allí donde los obreros demarcaban la traza con estacas, Espiralov sigilosamente las corría unos pocos centímetros, siempre hacia la derecha. Nadie percibía el cambio, aunque unos pocos hombres se mostraban extrañados de que el sol saliera siempre en distintas posiciones respecto del campamento. Pero atribuían el fenómeno a la maquinaria del cielo y no a la maquinación de un hombre.

A principios de la siguiente primavera el camino estuvo listo y Espiralov dio parte al General, quien inmediatamente organizó una fiesta inaugural y una caravana de hombres de su confianza que, presidida por él mismo, recorrería ida y vuelta el trayecto. Entre trompetas y bronces partieron los caballeros, inflados de orgullo por la imponente recta empedrada que se extendía ante ellos. El rey saludó a Espiralov y le obsequió una bolsa de Poltrovies, la moneda de oro del reino, en reconocimiento a su labor.

Los hombres y caballos se perdieron en el horizonte. Durante días y días la gente esperó su vuelta, hasta que al cabo de siete semanas el rey, con ojos desorbitados, entró por los barrios posteriores de su burgo seguido de su séquito exhausto.

—¿Cómo estuvo el viaje, General? —le preguntaron las gentes.

El rey, afiebrado, respondió:

—*Nunca llegamos a Falstria. Seguimos estando en Lalandia. A pesar de que el camino era recto...*

—¿Pero cómo es eso posible?

El rey pensó un momento y gritó:

—¡Eso NO es posible! Y luego de aprovisionarse, él y su séquito volvieron a emprender la ruta. Pero al cabo de siete semanas, otra vez, entraron a Lalandia.

Varias veces el rey recorrió el recto camino que en verdad era un gran círculo, hasta que sólo quedó de él un esquelético pordiosero que repetía como un loco: *mi camino es recto, mi recto camino...*

El reino quedó acéfalo. Se sucedieron una serie de luchas intestinas y revoluciones. Interminables batallas en los campos terminaron por destruir el camino, que a fuerza de tropas huyendo y caballos dispersados se desdibujó, se torció y retorció, y con los años surgió así otro camino, mucho más sinuoso y desprolijo, repleto de accidentes, que unió por fin Lalandia y Falstria.

El pacto

Un pueblo pulcro trazado a regla y compás. Casas idénticas, a no ser por el color de las puertas y las flores. Árboles podados, calles empedradas, aire de quirófano y de lavandería y de desodorante de ambientes. Un *market* en la calle principal, verduras *bio* en escaparates barnizados, muñecas de porcelana, turistas, cámaras de fotos electrónicas. Una orquesta vestida al estilo años veinte. *Charleston.*

Una iglesia blanca, muy protestante. Las puertas abiertas de par en par. Un carruaje en la puerta adornado con guirnaldas de lilas. Un percherón y un chofer de levita y galera raídas. Suenan las campanas. Sale una novia blanca llena de encajes y un novio con *tuxedo.* Diez personas aplauden y tiran arroz. La gente corre a tomarles fotos. Los novios suben al carruaje. El carruaje avanza por la calle principal. Fotos. La novia saluda. Más fotos. El pastor se asoma al atrio, me mira, sonríe, entrelaza las manos. Cierra las puertas de la iglesia. Las campanas se callan. Más *charleston.*

Miro a la novia. Es joven, tiene la piel tirante. También tiene demasiado maquillaje, pero al reír muestra unos dientes blancos irresistibles. Me gusta, me calienta. A mí y a ella nos caen gotas de transpiración por la frente. El carruaje recorre ida y vuelta la calle y después desaparece por una transversal.

Sol de mediodía. Calor. Fotos y más fotos. No hace falta mirar, solamente hay que fotografiar. Las vacaciones se viven en casa, a la vuelta. Ahora hay que captar todo. Cien, doscientas fotos. Se acaba la memoria de la cámara. Tengo que mirar un momento. Estoy en *Niagara on the Lake,* Ontario, Canadá, quince mil habitantes, un cementerio. El—pueblo—más—perfecto—del—planeta. Qué horror. *How beautiful.*

* * *

Necesito una cerveza helada. El guía del tour nos soltó la correa y nos dio la tarde libre para recorrer el—pueblo—más—perfecto—del—planeta. Están todos comprando souvenirs y sacando más fotos. Me aparto de la calle principal buscando sombra, y buscando mi cerveza. Camino diez minutos. Hay un *irish pub* en una esquina donde el pueblo se acaba y empiezan las viñas. Entro. Está vacío. El pastor está sentado en un rincón. Será protestante, pero parece satisfecho.

Me traen mi *Cream Ale*. La mesa está repleta de garabatos hechos con una llave o una navaja. El lugar no está muy limpio. "Por eso pusieron el *pub* tan lejos de la calle principal," pienso. Tomo dos tragos y me seco la transpiración de la frente con la manga de la camisa. Voy a pasar la tarde acá. No me queda más memoria en la cámara.

Trato de leer los garabatos de la mesa. Imposible. Levanto la vista. La novia de encaje está acodada en la barra tomando una cerveza. Ni rastros del novio. No entiendo. El pastor me mira y sonríe. Se acerca a mi mesa. Se presenta. (No recuerdo su nombre. Pongámosle John Doe, no importa.) Se sienta frente a mí. La novia termina su cerveza de un trago y se va.

John Doe tiene ganas de hablar, no se aguanta. Me pregunta qué hago ahí y por qué no estoy recorriendo el pueblo y comprando souvenirs como todo el mundo. Le digo que soy traductor, argentino, que vivo en Rosario, que hace demasiado calor para caminar y que si yo me fuera, él no tendría con quién conversar. "Entonces le voy a contar una historia," me dice, "porque con usted no hay riesgo." "Bueno," le digo, "me va a hablar de la novia." "*Exactly, my friend.*"

Esto es más o menos lo que me dijo el pastor John Doe, como me lo acuerdo, traducido y digerido. No tengo fotos del pastor. La cámara se había quedado sin memoria.

* * *

Me nombraron pastor de esta comunidad en 1994. Era un destino muy envidiable porque Toronto está cerca, por-

que la comunidad es bastante devota y porque el pueblo se parece bastante a la idea que uno tiene del paraíso. (En ese momento yo pensé que quizá mis pecados y la falta absoluta de arrepentimiento me salvarían de terminar en un lugar así por los siglos de los siglos, amén. La primera cerveza se estaba calentando.) *Me instalé y entablé enseguida una relación excelente con todos los miembros de la comunidad, incluso con los católicos y con dos familias judías que viven aquí al lado. Mi mujer estaba encantada y decía que "sentía la cercanía de Dios y la ausencia casi total de pecado." Algo de razón tenía: la gente del pueblo es simple y cordial, siempre y cuando los turistas pasen como rebaños, no se queden más de una tarde, no pisoteen los jardines y compren mucho en las boutiques de la calle principal, que usted ya vio. Prácticamente todo el pueblo vive del turismo.*

Yo le pedía a Dios que no me trasladaran porque realmente quería pasar aquí toda mi vida. Pero un buen día una persona vino a romper la armonía. Se llamaba Renata, estaba sola y era endemoniadamente atractiva. Alquiló un cuarto aquí mismo, arriba del pub. Usted la acaba de ver tomando una cerveza en la barra. También la vio salir hace un rato de la iglesia, con su marido.

Enseguida se corrió el rumor de que Renata ejercía el oficio más antiguo del mundo. Para mi sorpresa y la del alcalde, empezaron a aparecer los clientes, en este bar, en esa barra. En pocos días crearon todo un código de señas y gestos estúpidamente fáciles de leer. Renata se iba con uno o con otro y aparecía a la noche siguiente sentada ahí, con su cerveza.

Los miembros destacados de la comunidad convencimos al dueño del pub de que no le alquilara más el cuarto de arriba, aunque ella no llevara nunca a sus clientes allí. Pensamos que era una muestra clara de que no la queríamos y que le íbamos a hacer la vida difícil. Entiéndame, en un pueblo como éste, lo que estaba pasando era realmente un escándalo. Era peor que cualquier jardín pisoteado, o que una mala temporada de turismo. Pero Renata no era tonta y se las ingenió para alquilarle a un viñatero una casita en las afueras. Estaba claro que ella iba a dar batalla porque el lugar le convenía para trabajar, por motivos que usted entenderá: no tenía competencia, la clientela era sana y muy discreta, y después de todo el pueblo seguía siendo encantador.

Las señoras estaban indignadas y se reunían para discutir distintos planes. Había que echar a Renata a toda costa. Como era mi obligación de pastor, yo trataba de calmar los ánimos y mencionaba en casi todos los sermones la historia de María Magdalena. Pero estamos en el siglo veinte y la gente es más pragmática. Nadie se iba a tomar el trabajo de hablar con ella para reciclarla en una ciudadana decente y casarla con alguno de los jóvenes del pueblo. La idea era un disparate. Era más fácil echarla. Después de todo, Renata podía ir a trabajar a cualquier otro lugar donde sus pecados rimaran mejor con el paisaje. Pero la muy descarada se empecinó porque su clientela no paraba de crecer. Nos enteramos de algunas historias que sería mejor olvidar: gente importante del lugar, en la autopista, de noche, con ella... en fin. Estábamos al límite de la disolución, los rumores se multiplicaban en todas las reuniones, bajo todos los aleros y en cada cena entre amigos. Renata pasó a ser la persona más vigilada del pueblo y todos los maridos pasaron a ser sospechosos.

El intendente y yo consultamos el problema con un abogado, que en diez minutos nos explicó que no podíamos hacer nada porque la mujer trabajaba por su cuenta, sin proxeneta que la regenteara. Entonces un comerciante de la calle principal tuvo una idea bastante audaz: si Renata le pagaba a la comunidad "un canon" que compensara el daño causado, la gente se comprometería a no acosarla más, a condición de que buscara y atendiera a sus clientes fuera del perímetro del centro. Yo sabía que este comerciante era cliente de Renata y a lo mejor lo movían otros motivos. Pero en un lugar donde las apariencias pesan tanto, ése era un problema menor y le correspondía a su esposa arreglarlo. Fue gracias al pacto que propuso este comerciante, y que Renata aceptó, que llegamos a estar como estamos hoy.

Empecé la segunda cerveza. John Doe bajó la mirada. Tenía vergüenza. Entendí que se estaba confesando con un desconocido.

Entiéndame, a veces hay que hacer un sacrificio para conseguir la paz (Se estaba poniendo melodramático. Es un defecto de los religiosos, que suelen tener mal gusto.) *Pensé tres días y tres noches antes de reunir otra vez a los comerciantes y al alcalde para decirles que estaba bien, que cumpliría con mi parte.*

El viernes a la mañana fui con el alcalde a hablar con

Renata. Le explicamos la propuesta. La muy pecadora soltó una de las carcajadas más impertinentes que yo oí en mi vida. Estábamos indignados pero no perdíamos de vista el objetivo, que era noble.

Tres semanas después, un sábado al mediodía, Renata se casó por primera vez con el vestido de encaje que le hizo mi esposa. Así nació esta hermosa tradición (hubiera querido reírme como "la muy pecadora", pero no podía). *Desde hace siete años, Renata se casa todos los sábados con un voluntario distinto. Los chicos del pueblo aceptan de buena gana, los comerciantes ganan unos cuantos dólares vendiendo postales y los turistas sacan fotos como locos. Eso los entusiasma, y gastan más. El cochero no cobra, porque es un hombre muy devoto y sabe que así ayuda a la iglesia y a la comunidad.*

Eran las tres. Tenía que irme, pero...

¿Y el sacrilegio de celebrar un matrimonio falso?, pregunté.

¡No, no! —le chorreaba la transpiración por el cuello como una vela derretida. Me pareció que le faltaba el aire—. *Si me acompaña a la iglesia le muestro todo el equipo: el ejemplar de la* Guía de hoteles y restaurantes de Ontario *encuadernado como una Biblia, el cáliz especial sin bendecir, los anillos de fantasía... Atendimos todos los detalles, y todo el pueblo colaboró.*

Terminé la segunda cerveza. En ese momento volvió a entrar Renata. Jeans ajustados y una camisola azul.

Pelo suelto. Irreconocible. Saludó al mozo y pidió otra cerveza. John Doe la miró de reojo.

Un gusto conversar con usted. Yo le pago las cervezas. Apúrese que se le va a ir el autobús.

Estaba incómodo. Ya se había confesado. Se acomodó la camisa en el pantalón y se fue. Quedamos en el bar Renata y yo. Renata. Y yo.

* * *

Perdí el autobús, el tour se fue sin mí. Qué acierto.
Pasé la noche con ella.
Me quedé una semana en el pueblo.
El sábado siguiente, Renata y yo nos casamos.
Estoy en las fotos de unos quinientos turistas.
Nunca más la vi.

Mil quinientas chavetas

Estaba ocupado en mi torno, en el primer piso de la fábrica. "Mil quinientas chavetas, dos mil pernos, antes de las cinco. Urgente.", me dijo el capanga. Por suerte el tiempo en la máquina se pasa rápido: siempre lo mismo, los músculos se acostumbran, la vista casi se pierde y sin embargo está siempre atenta. Atenta a los dedos. Los dedos son todo lo que tenés: perdiste uno y chau laburo, chau fábrica... y andá agarrando los clasificados. Setecientos veinte, setecientos veintiuno... Una máquina dejó de trabajar en planta baja. Conozco el ruido de la fábrica: si de sesenta máquinas distintas una se para, yo me doy cuenta enseguida. Sí, una máquina se detuvo. Lo que oí después fue mucho peor: un grito, un grito de dolor. Todos lo sabemos al instante: hubo un accidente. Nos miramos las manos y... parece estúpido, ¿no? Nos alegramos de tener diez dedos.

Pero allá abajo alguien gritó, y una máquina se detuvo. Allá abajo una máquina se detuvo y alguien se miró la mano y gritó. Allá abajo una mano-máquina se detuvo. Chau laburo, chau fábrica, uno más a los clasificados.

Setecientos cuarenta y siete, setecientos cuarenta y ocho...

Puntualidad inglesa

Hubo una vez un hombre que se llamó Agustín, que nunca, *nunca* llegó tarde a ninguna parte en toda su vida. Era conocido por ser el hombre más puntual de su ciudad. Y no solo respecto al trabajo o a las citas, sino incluso para las actividades más insignificantes.

El médico le había dicho a su madre que Agustín nacería el domingo al mediodía: así es que vino al mundo a las doce en punto, ni un segundo más, ni uno menos. Y tan pronto como fue creciendo, la gente comenzó a temerle. La puntualidad y exactitud que mostraba en todo hacía que quienes lo rodeaban quedaran siempre en ridículo y lucieran perezosos y desorganizados.

Así es que adquirió la costumbre de la soledad, aislado siempre en sus horarios y cronogramas. Se graduó en la universidad a los veintitrés años, luego de cinco años, cincuenta y cinco días, siete horas y veinticuatro minutos de estudio. En seguida consiguió un trabajo como coordinador de horarios en la Compañía de Ferrocarriles. Decidió que se casaría en un año... y cumplió, sin demora.

Su esposa era una mujer tímida, hija de un relojero.

Era callada y sumisa, y se llevaron muy bien toda la vida. Acostumbraban cenar a las siete, escuchar el noticiero a las ocho y cuarto, y hacer el amor a las diez menos cuarto. Pero algo que Agustín no podía controlar era la duración del acto sexual, por lo que decidió que si para las diez y media no habían terminado, se pospondría para el día siguiente. Fue severo en esta nueva regla y su esposa no tuvo tiempo de quejarse.

Trajeron tres criaturas al mundo, pero ninguna heredó la habilidad del padre. A él no le importó, y continuó viviendo su vida mecánica. Fue ella quien se hizo cargo de la crianza.

La familia creció en número, vinieron los nietos y Agustín envejeció. Cuando fue su cumpleaños número noventa, sopló las velas de la torta a las nueve en punto de la noche. Muchísima gente lo rodeaba y lo observaba curiosa. A las nueve y cuarto su cabeza cayó suavemente sobre la mesa. Estaba muerto.

Una semana después, mientras dividían sus pertenencias entre los miembros de la familia, encontraron en un cajón de escritorio una libreta de horarios donde Agustín acostumbraba hacer sus anotaciones. La anteúltima línea decía: "nueve y cuarto, hora de morir". Y para asombro de sus deudos, la última línea decía: "siete días después, tres de la tarde, hora de encontrar esta libreta".

Todos miraron sus relojes.

La marca de Caín

Estábamos sentados en una taberna de Saint-Jerôme, Jean Paul y yo, bajando la quinta cerveza. Afuera soplaba implacable el viento norte, arrastrando por las calles despojadas remolinos de nieve en polvo. El calor seco del interior cobijaba a unos veinte parroquianos que se tomaban quedos las copas del olvido, buscando algo que los ayudara a soportar la monotonía del invierno en ese rincón de pocas almas. Fue entonces que Jean Paul, acodado en la barra, me contó esta historia.

Hace más de 30 años vivía en un pueblo no lejos de allí un hombre llamado Xavier. Trabajaba en la estación de servicio durante las tardes y, pasando por la taberna de regreso a su casa, se consumía en las noches casi todo lo que ganaba. Había enviudado un tiempo atrás y criaba sólo, como podía y no con gran esmero, al único hijo que había dado aquella unión. El chico, de apenas ocho años, era extraño y callado, se ocupaba con resignación muda de administrar la miseria del hogar y casi nunca iba a la escuela. Xavier, contrariamente a lo que se rumoreaba en el pueblo, nunca lo maltrató. Al contrario, parecía en su indiferencia y su borrachera serena pedirle disculpas por tanta desgracia. La criatura le correspondía con una mirada de infinito reproche, casi de burla, sin pronunciar jamás una palabra.

Pero sucedió que un día, luego de tomarse incontables cervezas y desplomarse en la cama, la casa se prendió fuego. Los vecinos y los bomberos corrieron a la cabaña desvencijada a prestar auxilio. Pero en este país el fuego puede consumir una casa entera en cinco minutos: el chico dormía en el altillo y lo encontraron unas horas después, entre los escombros, calcinado. De la habitación de planta baja sacaron al padre, aún sumido en los vapores de su profunda borrachera, mirando con ojos estúpidos y desorbitados lo que estaba sucediendo, las llamas enormes que se elevaban al cielo negro como una pira funeraria.

Me quedé callado: la historia era monstruosa. No pude evitar preguntar qué había sucedido con el desgraciado sobreviviente.

—Sufrió quemaduras muy graves en todo el cuerpo. Lo curaron en el hospital. Luego no se supo más de él por varios meses. Pero cuando llegó el deshielo, encontraron un cuerpo totalmente desfigurado y mordido por los peces en el desagüe de la represa.

—¿Era él?

—Fue imposible identificar el cuerpo. La gente prefirió pensar que sí, que era Xavier, y que había tenido al menos la decencia de suicidarse.

Nos tomamos la última cerveza. Ya era tarde y el bar estaba por cerrar. Al salir miré hacia la barra y a los tipos que aún quedaban allí, encorvados sobre sus vasos. Eran los borrachos de última hora, los grandes bebedores de penas. No sé si lo imaginé o si fue efecto del humo y la penumbra, pero vi todos sus cuellos rojos, resecos e inflamados.

Vi, asomando entre sus ropas, quemaduras profundas que ardían en silencio.

Puntos y comas

Hoy me echaron de la radio. Dicen que ya no sirvo para esto, que mi carrera como periodista terminó. El director adjuntó a la carta de despido, a modo de explicación, tres noticias que redacté y leí al aire esta semana:

TROPAS DE LA OTÁN MATAN A 45 COMBATIENTES TALIBANES EN AFGANISTÁN

En Afganistán, 45 insurgentes talibanes murieron hoy en un enfrentamiento con tropas de la coalición de la OTAN. El hecho ocurrió en la provincia de Helmand, en el sur del país, donde desde hace varias semanas se registran intensos combates. Voceros de la OTAN indicaron que los insurgentes ofrecieron una feroz resistencia, como la que opuso tu familia cuando te propuse que fuéramos a vivir juntos, o como la que opusiste vos hace dos años cuando te dije que quería trabajar menos para poder dedicarle más tiempo a la lectura. Que no era el momento, que vos ya habías hecho muchos esfuerzos por mí. Te mantuve durante diez años. Te banqué dos carreras en la universidad. Te ayudé a ocuparte de tus padres. Pero no: mi libertad cuesta demasiado ahora. Todo eso puede esperar. Ya sé que vos también me ayudaste en momentos difíciles. Te pedía solamente unas horas para mí. Era un sacrificio mínimo. Canadá cuenta con 2.500 soldados en Afganistán, como parte de esta coalición de países occidentales que intenta reinstaurar el orden y la democracia en Afganistán.

COLOMBIA: CONTINÚAN LAS NEGOCIACIONES ENTRE EL GOBIERNO Y LA GUERRILLA

En Colombia, el presidente Álvaro Uribe dice estar dispuesto a negociar un intercambio de rehenes con la guerrilla si esta última acepta que el encuentro entre los mediadores se realice en Bogotá y no en una de las zonas desmilitarizadas. Sin embargo, un vocero de las Fuerzas Armadas Revolucionarias de Colombia (FARC) le dijo a este medio que la propuesta de Uribe era por el momento inaceptable. Hace ya varios meses que las discusiones entre Uribe y la guerrilla se encuentran en punto muerto. Y si quieren mi opinión, las cosas van a seguir así, nadie va a aflojar, y en cualquier momento el ejército va a atacar y la guerrilla va a ejecutar a todos los rehenes. Las cartas ya están jugadas, es sólo cuestión de tiempo. Esto termina en una masacre. Qué sé yo, ojalá me equivoque… Yo soy de los que creen que si algo puede salir mal, sale mal. Mi vida está llena de ejemplos. De todas formas, en la sala de noticias todos piensan igual. Esta es una profesión con un olfato infalible para las tragedias. A veces pienso que los boletines de noticias no son más que tragedias y entreactos para acomodarse en la butaca. Sin embargo, las FARC dijeron que, por el momento, la propuesta no estaba totalmente descartada y que los canales de negociación seguían abiertos. Este grupo guerrillero exige la excarcelación de 500 de sus combatientes a cambio de liberar a unos 40 rehenes, entre los que se encuentran tres ciudadanos estadounidenses y la ex candidata a la presidencia de Colombia, Ingrid Betancourt.

SUBE EL DESEMPLEO EN TERRANOVA Y LA-BRADOR

El índice de desempleo en la provincia de Terranova y Labrador, en el extremo este de Canadá, superó el 11% según las mediciones del último trimestre. El Instituto de Estadísticas provincial informó que la tasa de desocupación en agosto se situó en un 11,2%, es decir, 2% más que hace un año. La pérdida de puestos de trabajo estaría directamente ligada a la recesión en el sector pesquero. Estaría, estaría, ¿nadie puede sacar la jeta y decir «está»? Los vicios del periodismo. El modo potencial y la voz pasiva. La máquina de deslindar responsabilidades. Ya nadie se hace cargo, nadie endosa su propio cheque. A ver: «Yo habría triunfado si vos me hubieras apoyado / Vos habrías sido feliz si yo hubiera sido menos egoísta / Los empleados están siendo maltratados / El Polo Norte se estaría derritiendo y todos podríamos estar condenados a vivir como balseros». Genial. Nadie tiene la culpa de nada. Pura fatalidad. ¿Saben una cosa, radioescuchas? El director de la radio nos alienta a escribir así. Y nadie se queja. «Estarían todos contentos con las instrucciones dadas», debería decir. De todas formas, el primer ministro de Terranova y Labrador,

Danny Williams, dijo que los nuevos emprendimientos petroleros crearán innumerables fuentes de trabajo, y agregó que la reconversión del sector pesquero era inevitable.

* * *

Al pie de estas tres noticias, el director adjuntó un párrafo manuscrito:

A partir del primero de enero de 2008, la radio prescindirá de sus servicios. No me resulta fácil comunicarle esta decisión: usted sabe que es un periodista querido y respetado en este medio. Quiero que sepa que no fue el contenido de sus noticias lo que motivó su despido. Simplemente, la puntuación es inaceptable. Y usted ya sabe que aquí una coma mal puesta lo echa todo a perder.

ADIÓS A LA CIA

Me llamo Mario Pocaterra y quiero seguir siendo periodista. Hace seis meses me echaron del servicio de noticias de Radio Canadá Internacional por aquella estúpida cuestión de puntuación. El director argumentó que mis textos empezaban a tener comas innecesarias, que escaseaban los puntos, que mis frases eran muy largas y que yo no me adaptaba al nuevo estilo *punch* de los noticieros de hoy. Así que para no dilatar más mi agonía profesional, él mismo le puso un punto final a mi contrato. Mis compañeros de trabajo, varios de ellos más viejos que yo —me pregunto cómo habrán hecho para dominar el *punch*— me hicieron una pequeña despedida con vinos chilenos comprados a último momento en el almacén de la esquina y quesos que maduraban en la heladera de la oficina desde la última vez que alguien cumplió años. De todas formas, sé que mi partida los apenó. A algunos, al menos.

El director de la radio me dio una carta de recomendación donde elogiaba mis supuestos méritos y callaba mis defectos. Le agradecí ese gesto solidario: no es fácil ser un mal periodista. Para sobrevivir sin talento hay que tener amigos y buenos contactos.

Pensé que lo mejor sería buscar trabajo en un medio acorde a mi estilo, uno que todavía no hubiera adoptado el *punch*. No tenía muchas opciones en Montreal. La más evidente me pareció el viejo diario *Les Déboires,* donde los cronistas podían seguir dándose el lujo de escribir oraciones tan largas y rebuscadas que se imponía un análisis sintáctico para descifrar el significado.

Les Déboires (que podría traducirse al castellano como "Los infortunios" o "Las desilusiones") es un pequeño diario de izquierda que existe desde hace más de noventa años. Su especialidad es mezclar las noticias mundanas con algo de humor y presentarlas de tal manera que resulten cultas, ininteligibles y amenas. En cualquier reportaje, por más marginal que sea, se citan siempre siete u ocho especialistas. *Les Déboires* se distribuye por suscripción a un puñado de millonarios que viven en los barrios de clase media o baja de la ciudad. No hay ni un solo abonado en Westmount, pero sí hay varios en Hochelaga y en Verdun.

Era un diario perfecto para mi estilo *sin—punch* y poco puntuado. Les envié mi currículum vitae y una carta larguísima. Al día siguiente me llamaron para ofrecerme un puesto cubriendo las carreras del hipódromo, que estaba a punto de quebrar. La única exigencia era que incorporara en mis crónicas todos los puntos de vista posible, incluido el del caballo. Acepté de buena gana.

* * *

Llevo cinco meses aquí y el hipódromo todavía no cerró. Me tiene sin cuidado. Sé que llegado el caso me pondrán en otra sección. A mí me gustaría escribir las necrológicas porque tengo un buen manejo del pretérito indefinido en francés, un tiempo que sólo se usa para lo que está muerto.

Creo que me fui de Radio Canadá Internacional justo a tiempo. Ayer me llamó François, un ex colega de la sala de redacción tan obsesionado por la impersonalidad de la voz pasiva que al día siguiente de las últimas elecciones federales, en vez de anunciar quién había ganado, simplemente escribió "las elecciones federales fueron ganadas". Nadie en la radio se dio cuenta, y cuando se lo mencioné al director me respondió que era un detalle sin importancia, que mejor me dedicara a pulir mis propios textos en vez de andar criticando el trabajo de mis compañeros.

Cuando descolgué el teléfono, François me dijo:

—Estamos a punto de ser despedidos. Los fondos de la radio han sido recortados.

—¿Quién los recortó?

—He sido puesto en la imposibilidad de decírtelo en este momento. Un café podría ser bebido por nosotros esta tarde.

—De acuerdo —le dije—. Nos vemos en el bar que está abajo de la radio.

—Acordado —me respondió.

Llegué al bar a las cinco, fui al baño y me rocié con desodorante para quitarme el olor a establo que me había dejado aquel largo día de trabajo. François llegó puntual a la cita. Se sentó frente a mí.

—La situación es un desastre —me dijo.

—¿El nuevo gobierno cortó los fondos de la radio? ¿Se cayó algún subsidio?

—Ningún financiamiento oficial ha sido cortado. Ningún anuncio comercial ha sido retirado.

—¿Y entonces?

—Es hora de que seas informado, ahora que todo ha terminado.

—¿Informado de qué?

—La CIA.

—¿Qué tiene la CIA?

—La CIA nos abandona.

Me quedé callado. No lo podía creer: François había usado la voz activa. Con convicción. Supe que no mentía.

—¿Nos abandona? ¿Qué tiene que ver la CIA con nosotros?

—Es una larga historia. En los años 50, cuando Radio Canadá Internacional empezó a transmitir, muchos inmigrantes italianos comenzaron a instalarse en Canadá. También llegaron familias enteras de Europa del este. Los agentes de inmigración y aduanas descubrieron en el equipaje de estos inmigrantes un número elevado de libros considerados como ideológicamente peligrosos en esos años, y aún hoy: novelas de Boris Pilniak, ensayos de Errico Malatesta y traducciones de las fábulas de Lafontaine en las que, por ejemplo, las hormigas se organizaban sindicalmente; en fin, tú ya sabes, libros sospechosos. En Estados Unidos el senador McCarthy, a quien tanto le debemos en la radio, despertaba amores y odios encendidos. Entonces la CIA nos contactó. Yo tenía diecisiete años y acababa de entrar a la radio como cadete.

—¿Qué quería la CIA? Radio Canadá Internacional era apenas un experimento, una radio comunitaria para los inmigrantes de la ciudad.

—Exactamente. Querían evitar lo que ellos llamaban "desviacionismo ideológico" y "contaminación del espíritu norteamericano". Pedían algo muy simple: que usáramos una adjetivación extraída de los diccionarios que ellos mismos nos proveerían. Un científico de la CIA había establecido que esos adjetivos, repetidos hasta el infinito, terminaban por corregir la concepción que los oyentes tenían del mundo y las relaciones de poder.

—¿Por ejemplo?

—Ah, es muy simple, hasta tú los has usado sin darte cuenta. Todo lo que no es occidental, democrático y liberal, es un "régimen". Todo lo que contradice nuestros valores, es una "doctrina". Todo lo que…

—Gracias, François, ya entendí.

Creo que mi interrupción le molestó, porque de repente volvió a la voz pasiva.

—Hemos sido considerados obsoletos e inútiles. Los fondos de la CIA han sido recortados también, a causa de la crisis financiera en el sur.

—¿Y eso es grave? ¿Qué porcentaje del presupuesto de la radio representa el aporte de la CIA?

—Cincuenta por ciento.

—Es grave.

—Muchos de nosotros seremos despedidos si no es ofrecida otra fuente de financiamiento.

—Ya surgirá algo, le dije sin convicción.

A medianoche me despertó el teléfono. Era François.

—¿Qué quieres?

—Hemos sido salvados.

—¿Por quién?

—Nuevamente, he sido puesto en la imposibilidad de decírtelo. Pero despreocúpate: hemos sido salvados. La semana entrante nos serán enviados los diccionarios de nuestro nuevo mecenas. Más fondos que los provenientes de la CIA serán recibidos por la radio.

—¿Se trata de un organismo de derecha o de izquierda? ¿Canadiense o extranjero?

—Muchos han sido arrastrados a la perdición por su desmedida curiosidad.

—¿Para qué carajos me cuentas todo esto?

—...

—Ya veo. Por pura camaradería.

—Sí. Camaradería. "Camarada." Buena palabra. Figura en el nuevo diccionario.

—Adiós, François.

—Adiós.

Desenchufé el teléfono y me dormí pensando en las

aristas fantásticas de esta profesión. Al día siguiente la yegua uruguaya *Fugaz* ganó el Gran Premio de Sherbrooke. *Les Déboires* publicó mi noticia en primera plana con este titular:

"DE LA PAMPA A QUEBEC: ÉXITO EN LA INTEGRACIÓN DE CABALLOS INMIGRANTES."

Mis colegas me felicitaron, más que nada por la proeza de haber encontrado y citado a ocho especialistas en el tema.

El club

El mundo del periodismo está en plena decadencia en Quebec.

Como era de esperar, también me echaron de *Les Déboires*. Los hipódromos quebraron y cuando imploré que me transfirieran a la sección de noticias necrológicas, el periodista que trabaja allí desde hace sesenta años gritó que no necesitaba ayuda de nadie y agregó resollando: "la última necrológica que escribiré será la mía." Pasé algunas tardes más en mi despacho mordiendo un lápiz, hasta que mi jefe me pidió que no fuese más.

Corría el mes de marzo y todos los medios de Quebec y Canadá amenazaban con despidos masivos. Los periodistas del *Journal de Montreal* estaban en huelga. Los de Radio-Canadá esperaban la carta fatídica del departamento de recursos humanos; muchos otros, que sus diarios y radios quiebren. Y yo me encontraba una vez más en la calle, sin trabajo y sin dinero.

Fue en ese estado de ánimo que una tarde, en la soledad húmeda de departamento, encontré el anuncio salvador. El Club de Optimistas de Quebec había decidido publicar un periódico y buscaba un redactor en jefe. Sin pensarlo demasiado, envié mi currículum vitae y un correo electrónico con esta única frase: "Estoy en la calle y sin un peso: me siento triste, solitario y final. Pero no hay mal que por bien no venga." Cinco minutos más tarde sonó el teléfono. "Mario Pocaterra, usted es la persona que estábamos buscando", dijo una voz al otro lado.

* * *

El jefe del periódico se llamaba Benoît Lachance. Era también el presidente de la filial del Club de Optimistas de Montreal. Un tipo a prueba de balas, sin duda: nada podía borrarle esa sonrisa bonachona que parecía tallada en el material ceroso de su cara. Benoît me explicó que yo sería el único periodista de *"El vaso medio lleno"*. Debía escribir todos los artículos que aparecerían semanalmente, a excepción, claro, de los editoriales de Benoît, que serían muchos. "Mi pluma se perfecciona día tras día", me dijo sin rezago alguno de humildad. Recordé la frase (creo que es de Oscar Wilde) *"la humildad es la virtud de aquellos que no tienen otras."* Me dije que Benoît debía ser un tipo lleno de virtudes.

Llenar las veinte páginas del periódico no sería fácil. El lunes, después de mostrarme mi escritorio, Benoît me dijo que el Club me daría una formación paga.

—No se trata de buscar noticias. Usted no tiene que descubrir nada: simplemente tiene que rescribir la realidad de forma tal que los hechos inspiren optimismo a los lectores.

—¿Y las catástrofes? ¿No las publicamos?

—¿Cuáles catástrofes?

—No sé, los accidentes, los terremotos, la crisis económica...

—¡Excelente! Veo que tiene mucho por aprender. Espero que no le falten ganas. Es una gran oportunidad para usted.

—¿Lo es?

—Usted mismo lo dijo: no hay mal que por bien no venga. De eso se trata todo: de ser optimista hasta las últimas consecuencias.

Me extendió un cheque con el sueldo de la primera semana: 700 dólares. No estaba mal en época de vacas flacas. Salí al almorzar, pensando en todo lo que me había dicho Benoît. ¿Estaría yo a la altura de sus expectativas?

Compré *Les Déboires* en el kiosco de la esquina y me senté en un bar a comer un panini. La primera plana anunciaba un brote de gripe equina en una granja de Kentucky. Era, al parecer, un tipo de gripe mortal, muy contagiosa entre humanos. Otra noticia anunciaba la quiebra de una automotriz en Estados Unidos y Canadá: sesenta y cinco mil trabajadores en la calle. Como indemnización, cada uno recibiría un auto a medio armar sacado directamente de la línea de producción. La tercera noticia era local: "Aunque los diarios siguen quebrando,

el Club de Optimistas de Québec lanza un nuevo periódico." Leí la nota: todos los especialistas en medios pro-
nosticaban un fracaso rotundo. Los periodistas de otros
diarios se burlaban de la falta de seriedad del proyecto.

Volví a la oficina. Sobre mi escritorio, Benoît había
dejado una copia del *Credo de los optimistas* y una nota:
"Tienes el resto del día para memorizarlo. Mañana al
mediodía espero tu primer artículo."

El *Credo* rezaba así:

Prometo
—Ser fuerte a punto tal que nada turbe mi tranquilidad
de espíritu.
—Hablar de salud, felicidad y prosperidad a todo aquel
que cruce en mi camino.
—Inculcar a mis amigos la confianza en sí mismos.
—Considerar sólo el aspecto positivo de las cosas.
—Desear siempre lo mejor, pensar sólo en lo mejor, y
trabajar por ello.
—Festejar con igual entusiasmo el éxito ajeno y el propio.
—Olvidar los errores cometidos y concentrarme en el fu-
turo.
—Sonreír constantemente.
—Dedicar mucho tiempo a mejorarme a mí mismo, de
forma tal que no me quede tiempo para criticar a los de-
más.
—Ser demasiado magnánimo como para sufrir, dema-
siado noble para enojarme, demasiado fuerte para temer
y demasiado feliz para dejar que la realidad me perturbe.

Pensé en mis veinte años carrera, en todo lo que había vivido, visto y escrito. Hubiera querido caminar hasta el escritorio de Benoît y mandarlo al carajo allí mismo. Pero tenía un alquiler que pagar y una heladera que llenar. Renunciar a un puesto en esos días era condenarse a la pobreza.

Hice un esfuerzo por sonreír, y repitiendo la última frase del credo, me puse a buscar material para mis primeros artículos.

* * *

Fue una tarde productiva. A la mañana siguiente, le llevé estos dos textos a Benoît:

65 MIL OBREROS DE GENERAL MOTORS PODRÁN REPLANTEARSE SU VERDADERA VOCACIÓN

Toda crisis trae consigo la semilla del cambio, y la nuestra no podía ser menos. Esta semana, 65 mil familias canadienses podrán comenzar una nueva vida. Liberados de la rutina de las cadenas de montaje y las soldadoras automatizadas, los 65 mil obreros que General Motors acaba de despedir podrán reorientar sus carreras y descubrir nuevas pasiones y talentos. Como la adversidad alimenta la imaginación, varios de los despedidos ya tuvieron la brillante idea de abrir kioscos y almacenes. Muchos de ellos perderán sus casas al verse imposibilitados de pagar las hipotecas, pero ¿qué más da? Otros camaradas y congéneres podrán comprarlas a precios accesibles. "Lo que importa es *la suma total de felicidad*. La miseria de unos más la felicidad de otros, ¿da un resultado positivo? Bravo. Es lo único que cuenta", explica el profesor Denis Quinn, titular de la cátedra de Economía Positivista en la Universidad de Cornwall. Y aunque los rostros de los despedidos reflejen tristeza y hasta furia, este cronista sólo puede ver en ellos la sed de nuevas experiencias.

GOLPE DE ESTADO EN NAURU: LA DEMOCRACIA SALE FORTALECIDA EN LA POLINESIA

En la pequeña isla de Nauru, en la Polinesia occidental, fuerzas rebeldes subvencionadas por los propietarios de una mina de fosfato derrocaron este domingo al presidente Gawa Harris. Harris y sus treinta y cinco funcionarios fueron sometidos a un juicio oral sumario por abuso de poder y obstrucción al espíritu de libre empresa. Ninguna fuente pudo confirmar hasta el momento si los funcionarios derrocados siguen con vida. El nuevo gobierno encabezado por Ben Sipay, el capataz de la minera Oswenn Phosphates Inc, anunció medidas de austeridad (en salud y educación) y de inversiones (en la empresa de sus patrones). Aunque las reacciones a este golpe de estado fueron muy negativas en todo el mundo, el profesor Denis Quinn, investigador del departamento de Geología Social de la Universidad de Kingston, destacó varios aspectos positivos. Primero, el abastecimiento en fosfatos queda asegurado, trayendo prosperidad y estabilidad a otras regiones del mundo.

Segundo, el horror suscitado por la probable decapitación del presidente destituido fomentará un clima de respeto mutuo entre empresas mineras y gobiernos civiles en otras pequeñas islas de la Polinesia. "Lo peor ya pasó. En vez de lamentarnos inútilmente por aquellos que perdieron la cabeza, intentemos transformar este cambio en algo positivo", agregó el doctor Quinn.

Benoît terminó de leer.

—Impecable. Yo sabía que usted era la persona que necesitábamos —me dijo—. ¿Cómo logró dominar el estilo, captar la esencia, compenetrarse con nuestro punto de vista tan rápido?

—Y... son años.

—¿Qué? ¿Usted siempre fue un optimista?

—No, pero me quedé muchas veces sin trabajo. Eso ayuda.

—¿A ser optimista? Qué interesante.

Hubiera querido responderle "No, eso ayuda a aprender a complacer a tipos como vos, a chupar las medias cuando hace falta, a rebuscárselas como los vendedores ambulantes de Buenos Aires, capaces de vocear la rata y el veneno con la misma convicción." Sin embargo le dije:

—*Soldado vivo sirve para dos guerras.*

Benoît me sonrió y me respondió con otra frase:

—*Si tu problema no tiene solución, ¿para qué hacerte problema?*

Me estaba poniendo a prueba. Retruqué:

—*Por cada minuto que estés enfadado, pierdes sesenta segundos de felicidad.*

Benoît echó mano a Winston Churchill:

—*Un optimista ve una oportunidad en toda calamidad, un pesimista ve una calamidad en toda oportunidad.*

Yo invoqué a Ghandi:

—*Una persona usualmente se convierte en aquello que cree que es.*

Benoît se quedó callado, con una sonrisa imperturbable en su rostro sebáceo y macilento. Me extendió otro cheque de setecientos dólares.

—Pero ya me pagó ayer —le dije.
—Es un adelanto a cuenta del éxito venidero.

* * *

El miércoles a la mañana llegué al trabajo lleno de un optimismo cada vez más sincero. Dos autos de policía estaban estacionados frente a la entrada. Algunos curiosos se habían acercado. Me paré entre ellos. Dos agentes sacaron a Benoît esposado. Me acerqué.

—¿Qué pasó?

Benoît me miró fijo y no respondió. Parecía un perro

en penitencia, pero había algo de extraño en sus ojos. Un destello de ira que no rimaba bien con su sonrisa. Me dirigí a uno de los policías.

—Es mi jefe. ¿Por qué se lo llevan?
—Orden del juez. Defraudaciones y estafas reiteradas, evasión fiscal, asociación ilícita. Les robó todos sus ahorros a decenas de ancianos optimistas.

Los policías metieron a Benoît en el asiento trasero del patrullero. Me agaché para hablarle. Con mi mejor sonrisa le dije:

—*La adversidad no nos vence: nos retempla.*

En un tono hasta ahora desconocido, como si la voz le saliera de las entrañas, Benoît me dijo en francés:

—*Rajá, turrito, rajá.*

El patrullero se fue a toda velocidad. Yo me quedé en la vereda, sin saber hacia dónde caminar: otra vez sin trabajo, otra vez en la calle.

La vida continúa —me dije— y me alejé silbando bajito.

Los remitentes

Con el caballo cansado, tras varios meses de trabajar en cualquier cosa que me permitiera pagar mi alquiler, decidí volver a la radio internacional. En buena hora: son tiempos de renacimiento para la onda corta. El espíritu herziano y la fiebre de comunicación entre los pueblos no han muerto. Eso es lo que decretó el nuevo director de la emisora, y agregó que no escatimaría esfuerzos ni recursos "para que la realidad se adapte a su visión".

Muchas cosas cambiaron en la radio en estos dos años que pasé afuera, ejerciendo las variantes más extrañas de esta profesión para sobrevivir como periodista en un país cuyas lenguas no son las mías. Para comenzar, el presupuesto bajó drásticamente, pero el número de empleados aumentó gracias al departamento de Proyectos Especiales, donde hoy se ensayan los modelos más improbables de la radio del futuro, en una especie de frenesí de ecuaciones con dos y tres variantes, un álgebra no lineal de lo desconocido y lo impracticable.

En segundo lugar, las antenas de transmisión en onda corta fueron desactivadas y vendidas como chatarra, por lo cual los estudios de la radio están simplemente conectados a sí mismos y a un sistema de grabación. La novedad de hacer emisiones que no se emiten fue presentada por los administradores como "una revolucionaria forma de ahorrar en infraestructura que nos permitirá, al mismo tiempo, valorizar nuestro trabajo a través de una autoescucha crítica".

Finalmente, se derogó la obligación de producir material original y variado. Desde hace unos meses, todos los periodistas tienen la posibilidad, si así lo prefieren, de presentar el mismo reportaje cada dos semanas, siempre y cuando hayan agregado o cambiado alguna información, por mínima que ésta sea. Con ese criterio, se considera que no es lo mismo hablar de "la llegada del hombre a la Luna" que de "la llegada de los astronautas a la Luna", ya que en el primer caso la palabra "hombre" denota un enfoque antropológico, mientras que en el segundo la palabra "astronauta" indica una óptica técnica y profesional. Parecen cambios irrelevantes, lo sé, pero en esta profesión el lenguaje lo es todo.

No me costó adaptarme a las nuevas condiciones de trabajo y al cabo de unas semanas llegué a adherir a ellas con fervor. Lo más importante es que había vuelto a mi escritorio, a mi sueldo de antes y al compañerismo cordial que tanto me faltaba. La vida volvía a sonreírme. Mis reportajes recibían críticas entusiastas de mis colegas y hasta de los técnicos.

Estaba entrando en un periodo de inspiración y creatividad cuando nos llegó la mala noticia: desde que se habían vendido las antenas, el número de radioescuchas en el mundo había caído un 100%. "No es tanto", pensé, "a otros les ha ido peor". En la fatídica reunión en la que el director hizo el anuncio, yo me atreví a levantar la mano y pregunté:

—¿No tendrá algo que ver con el hecho de que no estamos más al aire? Si al menos estuviéramos en Internet...

Por toda respuesta recibí la mirada condenatoria de mis colegas. El director continuó:

—Emprendimos el camino del cambio y la experimentación, y no podemos dar marcha atrás. Internet, según nuestros estudios, ya es cosa del pasado. Además, no hay presupuesto para emitir. ¿Qué prefieren? ¿Cobrar sus sueldos o salir al aire?

Silencio en la sala. De pronto, el delegado sindical gritó con emoción:

—Siempre y cuando se respete nuestro mandato y nuestra convención colectiva, poco importa que no haya oyentes.

El director sonrió, creando así un suspenso inesperado:

—Yo sé que la ausencia total de público puede ser un duro golpe para algunos nostálgicos. A no desesperar: ya encontramos una solución.

El director hizo una seña a un técnico y las luces se apagaron. La pantalla de hule brilló bajo los rayos del proyector. Un mapa de la Tierra apareció nítidamente:

—Si no tenemos más oyentes, los crearemos. Hemos calculado que sale mucho más barato inventar oyentes que volver a salir al aire. Por eso, a partir del próximo mes, todos ustedes tendrán la obligación de viajar tres veces por año a un país de su elección. Desde allí enviarán una carta o un correo electrónico, una foto o una postal, elogiando la calidad de nuestros programas, el prestigio de nuestra radio y, por qué no, solicitando algún regalo o souvenir. Al mismo tiempo aprovecharán esos viajes para grabar algún reportaje que luego será editado en nuestras instalaciones, copiado en disco compacto, autoemitido en nuestros estudios y elogiado por otro periodista / oyente en un viaje subsiguiente. ¿Está claro?

La masa de empleados asintió en silencio. Todos se miraron con un brillo en los ojos que apenas podía disimular su excitación.

—Finalmente —dijo el director— el sindicato nos pidió que creáramos una nueva categoría de empleo con un sueldo acorde. La nueva monografía instaura el cargo de "periodista / oyente / corresponsal extranjero", al cual todos acceden inmediatamente según las disposiciones que acabo de firmar.

La reunión se coronó con un aplauso y, para sorpresa de todos, con un brindis. Como en los buenos viejos tiempos.

Unos meses más tarde empezaron a llegar cartas desde los cinco continentes. Mis colegas hicieron gala de una imaginación formidable a la hora de inventar nombres de remitentes, caligrafías y lugares remotos. El Comité de Patrimonio, del cual depende nuestra institución, nos felicitó por el "aumento exponencial del ráting".

Fue así que nuestra radio recuperó su merecido lugar en el mundo.